「大暴落」

ジム・ロジャーズ×渡邉美樹
JIM ROGERS × MIKI WATANABE

金融バブル大崩壊と
日本破綻のシナリオ

花輪陽子／
アレックス・南レッドヘッド
監修・翻訳

プレジデント社

THE GREAT CRASH

はじめに

今、何に投資していますか？ と聞かれたら、答えはこうだ。

「２０２３年から先進国への新たな投資はしていない」

いずれ世界は、私の人生で最大級の大不況に陥るだろう——私が、この数年間予言し続けてきたことだ。アメリカの株は上がり続け、日本株も２０２４年2月に日経平均は34年前のバブル時の最高値を更新したが、私は２０２３年秋に、保有していた日本株ＥＴＦ（上場投資信託）をすべて売り払っている。

みなさんに聞きたい。株価が過去最高値を記録して、今、一般の日本人のみなさんの生活はバブル期のように豊かになっているだろうか？

答えは「ノー」に決まっている。

かつてアメリカを抜く勢いだったＧＤＰは、中国だけでなくついにドイツにも抜かれ、1人当たりのＧＤＰについては先進国最低レベルまで落ちている。加速するインフレで物価は上がっているのに肝心の給与はさして上がらず、子どもの7人に1人は相対的な貧困状態にあり、日々の食べるものに困るような人も増えている。もともと低かった出生率は、岸田文雄政権が鳴り物入りで打ち出した「異次元の少子化対策」をあざ笑うかのように、過去最低を記録し続けている。かつての「海外に行けば何でも安い」「円さえあれば何でも買えた」経済大国ニッポン、栄光の時代はもはや過去のものとなってしまった。

このままいけば、日本はかつてのイギリスがそうだったようにいずれ財政破綻し、相当に貧しい国となってしまうだろう。

日本だけでなく世界のマーケットは、いつ大暴落がはじまってもおかしくない状況にある。不動産会社や金融機関が破綻するなど、小さな予兆はすでに世界中に起こっており、そこからどこかで一気に世界的な破綻のシナリオにつながることは歴史も証明している。

本書で対談した、渡邉美樹氏とは、2022年の10月にあるメディアの対談がきっかけで出会った。彼は大手企業の経営者でありながら、元政治家でもあり、日本の将来を真剣に憂いて今も改革を訴え続けている。経済や金融にも大変造詣が深く、意気投合できて私にとっても非常に興味深い機会となった。

その後、彼から一緒に本を出さないかという話をいただき、この対談本が実現した。細かいところで意見が異なる部分もあるが、債務を膨らませ続け、少子化や円安が進んで国力低下が進み続ける日本の未来を強く憂いている点ではまったく同じである。

私はバイクと車で二度の世界一周を果たし、世界中のほとんどの国を訪れたことがあるが、日本はその中でも大好きな国の一つだ。こんなに魅力的な国が没落していくのを見るのは本意ではない。

本書の中で私は、現在の経済がどのような状況であるかを前提として、世界が危機的状況に陥ったとき、個人が自分の資産をどのように守るべきかを正直にお伝えした。さらに、日本が今後破綻を避けるためにどうすべきかも提言している。

過去に私は何度も同じことを警告しているが、日本の政治家が耳を傾けてくれたことはないし、今後も聞く耳を持たない可能性が強いだろうが、それでも伝えずにはいられない。

悠久の歴史の中で、私たち人類は何度も大きな経済危機や戦争、逆境に直面してきた。逆境を運命と捉えるか、チャンスと捉えるかは結局のところ、あなた次第なのだ。

本書が、まもなく日本と世界に襲いかかるであろう、未曾有の大暴落相場を乗り越えるため、そして変化が多い時代を生き抜くために大切なことを見つける小さなヒントになれば幸いである。

ジム・ロジャーズ

大暴落　金融バブル大崩壊と日本破綻のシナリオ　目次

第3章　歴史と今に学ぶ、インフレとブロック経済の功罪

第4章 日本への警告と未来への提言

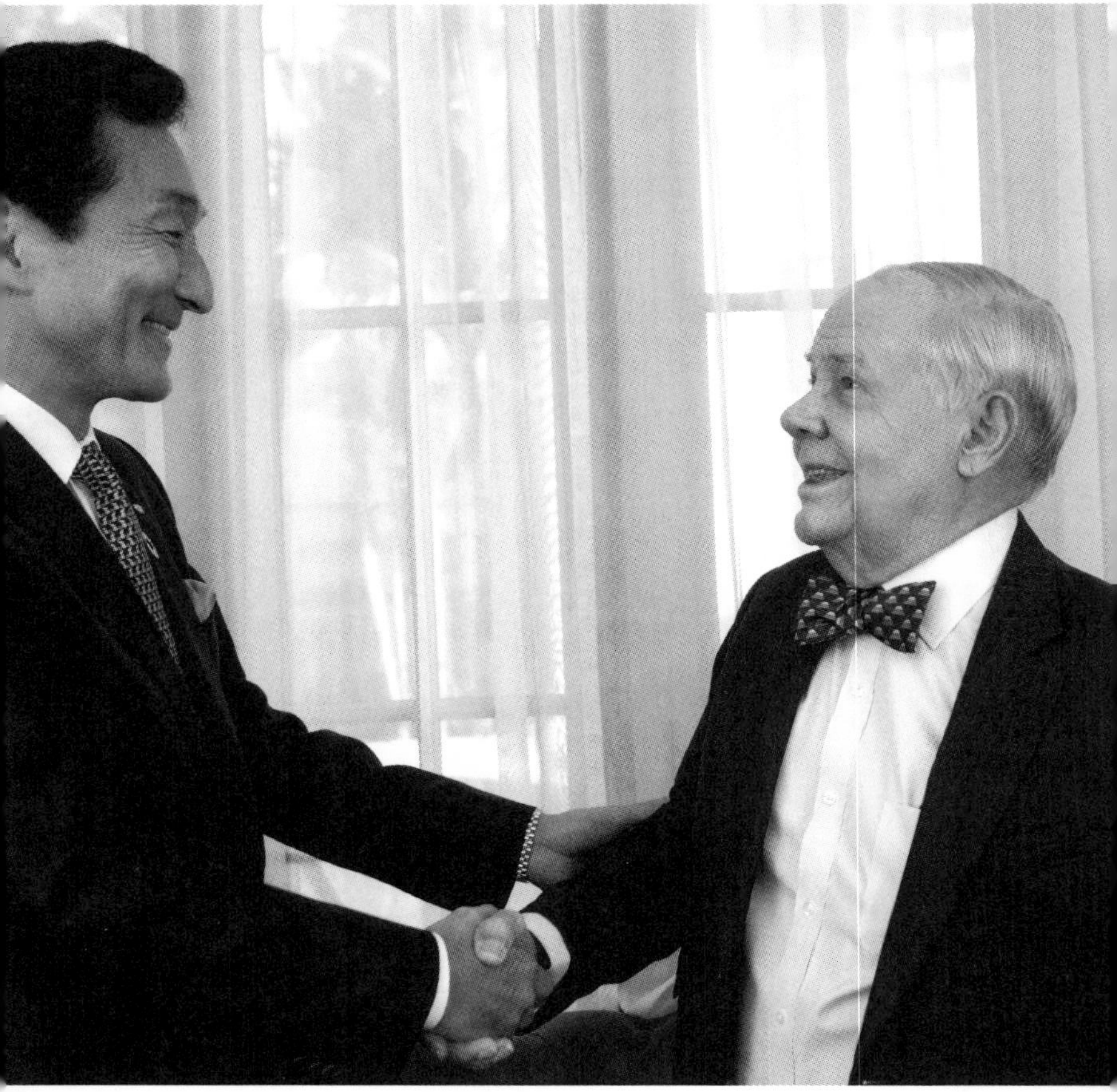

2023年12月、シンガポールのジム・ロジャーズ氏の私邸にて
撮影＝Luxpho（Takao Hara）＊本書内人物写真すべて

第1章

リーマンショックを超える大不況がきたら世界と日本はどうなるのか

いよいよリーマンショックを超える世界大不況が到来か

ジム・ロジャーズ（以下、ロジャーズ）　不況はみなが予期していないときにやってきます。2022年の年末、世界中の多くのエコノミストが「2023年中に非常に高い確率で不況が到来する」と言っていました。しかし、その予測は当たりませんでした。実は大勢の人が「くる」と言うときほど、不況はこないものなのです。

では、いつくるのか。私は、2024年以降にくると考えています。それは、ある日突然やってくるのではありません。その前にさまざまな兆候が現れます。そして、その兆候はすでに現れています。

たとえば、インフレが高止まりしていることや、金利が高くなっていることは、遠からずやってくる不況の兆候だと言えます。また、世界中の株式相場に新たな参加者たちが集まっていること。これも不況の前触れです。ここ数年の間に新しく株式投資をはじめた人たちは「お金を儲けるのはこんなにも簡単だ」と思っているかもしれませんが、そうしたときに不況は到来しやすいのです。

世界不況について渡邉会長はどう考えていますか。

渡邉美樹・ワタミ会長（以下、渡邉）　最近の世界情勢を見ていると、世界の国々の金利が高止まりしはじめたと感じます。各国がしっかりとお金の回収をはじめているという印象があります。各国の状況を経営的な視点で見ると、「本当に世界不況というのはくるのだろうか？」と疑問を感じます。なぜなら、世界経済は十分にコントロールされつつあると思うからです。

ただ、日本の状況はまったく異なります。日銀はマイナス金利を解除し、17年振りの利上げを決定したものの、短期の政策金利は０〜０・１％です。これは、本格的に金利を上げると、日銀が債務超過に陥り、国家予算を組めなくなるからです。世界中の投資家へのポーズでしかありません。また、最近の政策にはポピュリズム※に走るものも多く、お金をバラまき続けているのも懸念の一つです。

こうした状況もあり、私は日本がいつか破綻すると確信しているのです。

一方で不動産バブルがはじけた中国による台湾侵攻が世界不況の引き金になることも考えられます。しかし、それよりも日本の経済破綻が世界に影響を及ぼす可能性のほうが高いと考えています。

※ポピュリズム：大衆からの人気を得ることを第一とする政治思想や活動

私は「日本の問題が世界にどの程度の影響を与える」のか「それが世界不況を招く」のかどうかを、いつも考えています。

ロジャーズ　もちろん日本が経済危機に陥れば、その影響は世界中に波及します。アメリカあるいは中国で大きな不況がはじまったとしても、同じく世界中に波及します。今後どこか大きな国が経済危機に陥ったら、全世界が何らかの不況に陥るでしょう。

アメリカをはじめ、世界各国の中央銀行（以後、中銀）は利上げを実施していますが、その裏でお金の増刷は止まっていません。たとえば、アメリカは2023年10月にイスラエルに対して1000億ドルの支援を決めました。こうした資金もお金を刷ることで調達しています。それは、日本でも同じですし、世界中の政府がまだまだお金を印刷し続けているのです。利上げをしても、その裏でお金を刷り続けていれば、借金はさらに増え続けていきます。

この傾向は2008年から続いています。世界中の政府はリーマンショック後に大量にお金を刷るアクションをとりました。そのため、世界経済はリーマンショックから2020年のコロナショックまで大きな不況もなく、成長し続けることができたのです。

しかし、お金を印刷し続けたことによって、これまで経験したことのない水準まで借金が膨れ上がっているのは事実です。2008年以降は中国ですら借金を増やし続けており、今後はとてつもなく大きな経済危機がわれわれを待ち構えていると感じています。

次に問題が起きるときは、私の人生で最大の危機になると想定しています。渡邉会長の人生、あるいは読者のみなさんの人生の中でも一番の危機になるでしょう。

若い人にとっては非常に怖い時代です。私は10代の娘を2人抱えていますが、彼女たちが大人になるにつれ、大きな問題がどんどん山積みになっていくことを心配しています。

私が生きている間に、国の借金を背負う義務は生じないかもしれませんが、私の娘も含めた世界中のすべての若者が借金の肩代わりをすることになるでしょう。特に人口が減り続けている日本の若者にとっては、深刻な問題です。日本では天文学的に借金が増えているうえに、それを背負う若者が減っているのですから、大変なことになります。

渡邉　確かにリーマンショックからコロナショックにかけて、世界各国の政府はお金を刷り続けてきました。しかし、アメリカではバラまいたお金の回収をはじめています。これから2〜3年は金利高が続くでしょうが、インフレとの戦いはソフトランディングするのではないかと私は思います。

一方で日本は、別格の借金と財政ファイナンス※をし続けています。だからこそ、日本が

※財政ファイナンス：財政赤字を賄うために、政府の発行した国債等を日銀が直接引き受けること

大きな危機のきっかけになるのではないかと懸念しています。ただ、それが世界レベルの大きな危機に発展するかどうかは疑問です。

ロジャーズ　２００８年のリーマンショックでは、当時借金が少なかった中国によって世界が救われました。今はその中国でさえも大きな負債を抱えています。そのため、今後の経済ショックの際に中国が世界を救うシナリオは考えにくいでしょう。

世界中の国がお金を刷り続けて借金を重ねてきたために、預金を豊富に持っている国はありません。救世主となる国が現れることは考えにくいのです。北朝鮮は借金がそれほどありませんが、彼らが世界を救うというシナリオはまったく描けません。

債務残高は世界71位（87ページ参照）と、先進国の中では比較的借金が少ないドイツですら、すでにいくつかの州が財政難に陥っています。次の経済危機が起こった際に、世界を救える国を私は思い浮かべられないのです。

各国がこれ以上借金を増やし続けてしまった場合、救われる見込みは非常に薄いでしょう。借金をし続ける国の未来がどうなるかを、多くの人が理解する日がやってくれば、借金の膨れ上がった国の国債は、誰も買わなくなります。そして、中銀が市場のコントロールを失えば、その国は破綻するか、衰退の一途をたどるのです。

そうなってしまうと、渡邉会長ですら国を救うことはできないでしょう。日本では、借金が増え続けているうえに、人口が減少していますので、状況は非常に悪いのです。

アメリカ経済はソフトランディングするのか

ロジャーズ　先ほど渡邉会長がおっしゃった「アメリカがソフトランディングする可能性」について、私の意見をお伝えします。

アメリカもとんでもない金額の借り入れをしています。アメリカはほかの国と比較して「借入額は抑えられている」といわれているものの、実際には過去最大規模の借入額が継続しています。このように「借り入れを抑えている」といわれている国ですら、コロナショックのように何か悪いことが再び起きてしまうと、さらに借金をせざるを得なくなってしまいます。

アメリカは今、短期的に借金を減らそうとしていますが、それだけでは足りないでしょう。何か問題が起きればすぐに借金は再開されます。なぜなら何か問題が起きたときに、政治家と中銀はまず自分の職を守ろうとするからです。彼らにとっては、それが最優先です。国民のことよりも自分の職を守るのに精一杯なのです。

では、彼らはどうやって自分の職を守るのか。それは、借金を増やすことです。仮に渡邉会長が「首相になりたい」と考えたとしましょう。そして、「借金を減らす」との目標を掲げて首相になったとします。しかし、そんな考え方の人が首相になったら、すぐに辞めざるを得なくなるか、暗殺されてしまうでしょう。

渡邉会長もご存じのとおり、日本が直面している問題はとても大きいのです。とてつもなく大きな痛みを伴わない限り、借金の問題は解決できません。

アメリカと日本との違いは、人口動態です。アメリカの場合は出生率が伸びており、移住者も増えていますから、人口は増え続けるでしょう。それに比べ、日本は出生率も低く、移民も積極的に受け入れていません。日本は人口減少に関して、もっと問題視しなければなりません。これを無視している限り、問題の本質を理解することはできないでしょう。

私は投資の世界に何十年も身を置いていますが、これまで何十回も「ソフトランディング」という言葉を聞いたことがあります。しかし、これまで実際にソフトランディングしたのを見たことはありません。どこの国の政治家も中銀もソフトランディングをしっかりできるほど、知識を持っていないのです。

政府や中央銀行は国民に真実を伝えない

ロジャーズ　各国の政府はさまざまな経済指標を発表しますが、すべてを鵜呑みにしてはいけません。政府関係者は、自分たちの職を守るためにウソをつくことがあります。「日銀がウソをついている」とは言いたくありませんが、一般的に政治家や中銀の職員は国民に真実を伝えないことがあります。国民はそれを理解しておく必要があります。

アメリカの中銀の高官に聞くと、中には「インフレは落ち着いている」と言う人もいます。しかし、「あなたたちはどこで買い物をしているのか」「何の価格を見てインフレが落ち着いていると言っているのか」と質問をしたいです。私が見る限り、インフレは明らかに存在しています。

ですから、政治家の話をあまり信用してはいけません。私は友人が首相にならないことを願っています。なぜなら首相になった友人が国家の再生を掲げてしまえば、恨みを買って暗殺されてしまうのではないかと心配になるからです。

2024年、日本は厳しい状況に陥る

渡邉 世界各国でさまざまな問題がありますが、ジムさんは、2024年はどんな年になると考えていますか。

ロジャーズ 2024年については、世界一の経済大国であるアメリカに関して、まず考えなければいけません。アメリカは2009年からずっと成長を続けていて、歴史的にはもっとも長い成長期間となりました。そう考えると、2024年には大きなショックがくると予測しています。アメリカで大きなショックが起きれば、それは必ず、日本やほかの世界の国々にも大きなインパクトを与えます。

その意味でも、みなさんはもっと心配するべきです。特に日本は日銀がETF（上場投資信託）を大量に購入※し続けてきました。どこかでショックが起きれば、日本の株式市場も大きなダメージを受けるでしょう。日本にとって2024年は、ひとときの楽しい時間が終わる年になるでしょう。

渡邉 そのときには、ドル高に転換するのでしょうか。

ロジャーズ その中で安全通貨と思われているドルは大きく上昇します。

渡邉　つまり全世界的な不況がやってきたとき、ドルは安全資産になるということですね。

ロジャーズ　もっとも安全とみなされているため、大きなドル高がくるのです。ただそのときがドルを売るタイミングですから、私も売れるように備えたいと思っていますが、ほかに買うべき通貨が見つかりません。

渡邉　日本は17年間も金利を上げることができませんでした。日銀は２０２３年にこれまででもっとも多くの国債を買いました。利上げに踏み切りましたが２０２４年は、さらにたくさんの国債を買い続けることになるでしょう。私は、２０２４年は日本が破綻する最終局面に到達する年になるのではないかと思っています。

ロジャーズ　どの国も今は借金を増やし続けています。日本は日銀が国債を買っているという独特な問題もありますが、中銀がお金を刷り続けて借金をし続ける、これはどこの国にも当てはまります。

アメリカは世界でもっとも借金を多くしてきた国です。それも２０２４年に大きな危機が起こるとした理由の一つです。

※２０２４年3月19日、日銀の植田和男総裁は11年にわたり実施してきた、大規模な金融緩和政策解除を発表。大量に購入し続けてきたＥＴＦ（上場投資信託）のほか、Ｊリート（上場不動産投資信託）の買い入れも終了すると決めた

世界のインフレは2024年以降、さらに加速する

ロジャーズ　私は、２０２４年以降の世界経済について、とてつもなく大きな経済的問題が出てくるだろうと予測しているわけですが、その根拠の一つは世界中に不満を抱えている人が数多くいることです。さまざまなニュースを見ている限り、それは明らかです。

不満を持つ人は今後も増えていくでしょう。この問題をいかに早く解決するかが、中銀や政治家にとっての難題です。手っ取り早く解決する唯一の方法は、借金をし続けて、国民にお金をバラまくことです。

それによって問題は一時的に解決するかもしれませんが、どこかで効果がなくなります。その後はとても大きな痛みを伴うでしょう。そして、世界各国は経済面で大きな衰退を見せるはずです。２０２５～27年には、世界各国にとても不幸な国民があふれると予測しています。

不満がたまった国民が増えるとどうなるか。貿易戦争が勃発するでしょう。貿易戦争がはじまり、さらに国民の不満が高まると、政治家は外国人に責任を転嫁しはじめます。見た目や文化などが違う外国人に責任を押しつけるのはとても簡単だからです。そして、す

べての問題を外国人のせいにすると、いずれ銃撃戦に突入していきます。

過去を振り返ってみると、「人々は歴史の教訓をまったく生かすことができない」ことがわかります。たとえば、アメリカの大統領だったドナルド・トランプ。彼は自分自身を歴史上の人物たちよりも賢いと思い、歴史の教訓をまったく生かしませんでした。私は過去の人たちや歴史の教訓より自分が賢いとは思ったことはありません。

もしも、2024年11月のアメリカ大統領選挙でトランプが再度当選したとしたら、彼は奇妙なこともするかもしれません。たとえば、メキシコやカナダなどの近隣国と戦争をするかもしれません。私が言っているのは、彼はいろいろな変わったことをする可能性があるということです。彼の行動はそれほど予測不可能なのです。

銃撃戦がはじまったら、ひどいことになります。私が日本の首相であれば、できるだけその戦争からは遠くに身を置こうとするでしょう。日本では人口が減っており、若者も非常に少なくなっています。そのため戦争で戦える兵隊も限られています。その意味でも、日本のみなさんは、2024年以降の世界情勢に関して、もっと心配するべきなのです。

渡邉　コロナショックでお金を刷りすぎたため、世界の多くの国は現在、資金の回収に入っています。2024年以降は、その影響でインフレが続き、ジムさんが言うように大きな痛みと経済衰退が訪れると思います。

また、ロシアによるウクライナへの軍事侵攻によって、食料等のコストが上昇しました。２０２４年は地球全体として、決していい年にはならないだろうと思っています。

先ほども言いましたが、その中で私がいちばん心配しているのは日本の状況なのです。日本でもインフレが進んでいますから、長く低金利を維持することはできないでしょう。しかし、今以上に金利を上げれば、日銀が債務超過に陥ります。つまり、日本は国家予算を組めなくなってしまうのです。

私は、２０２４年は世界全体が苦しみ、25年には日本がきっかけとなって、大きな世界経済ショックが起きるのではないかと心配しています。日銀の債務超過や日本の国債の格付けの低下などが、大きな引き金になるのではないかと思っているのです。

ロジャーズ　私も、２０２４年以降に大きな経済危機が起こると考えていますが、タイミングが唯一の相違点です。まずは小さい国や、小さい企業の破綻がきっかけになるのではないかと思っています。どこかで小さな問題が起きたとき、世界中の人は「大したことはない」と言います。しかし、それから数週間後、数カ月後に、その「大したことない」ことが引き金となって、大きな世界経済危機をもたらします。しかし、その小さな問題がどこからはじまるかは、私にもわかりません。

渡邉会長が言うように日本が発端になる可能性について否定はできません。仮に日本がショックの発端になると、非常に大きな世界的危機につながるでしょう。しかし私は、日本が発端になる可能性は低いと考えています。

日本の国民や企業は、何十年もの間、政治家や中銀から言われたことを適時に実行し、政府の決めたことにしっかり従っているように見えます。だからこそ、日本の課題を解決するために政府が何らかの政策を打ち出せば、一定の効果が得られるはずです。

ですから、問題の発端は日本ではなく、ヨーロッパやアメリカになる可能性が高いでしょう。ただし、万が一、日本が引き金となった場合、それはとてつもなく大きなグローバル危機につながることは明らかです。

世界経済危機への導火線はすでに着火している

渡邉　ジムさんが危機のきっかけとなると考える出来事はどんなことでしょうか。どこかの国でデモが起きる、などでしょうか。

ロジャーズ　危機の発生を順序立てて整理すると、まず何かが破綻し問題を起こします。

それは小さな企業であったりします。リーマンショックの場合、最初にアメリカの投資銀行、ベアー・スターンズが破綻しました。その数カ月後にリーマン・ブラザーズが破綻して、世界中に危機が波及していきました。

コロナショックではウイルスへの感染拡大を防ぐために、世界中が国を閉鎖したことが引き金となりました。

こうした何らかの破綻や閉鎖が起きると、国民やメディアが不満を募らせます。不満が募ると、それが政府や中銀に伝わり、彼らは何とかしようとします。そこで借金をすると同時に、問題を誰かに押しつけようとします。多くの場合、その対象は外国人となり戦争に発展します。

ほとんどの戦争は、後に「どうしてあんなにバカげた戦争が起きたのか」と言われることになりますが、実際に起きてしまうのです。今は戦争が起こる理由はないかもしれませんが、人間は悪いことが起こると、とても感情的になります。突発的に反応をしてしまうので、戦争がはじまってしまいます。そして戦争に突入した国は、「われわれはもっと強くなる。そのために戦うのだ！」などと言い訳をするのです。

今は状況が悪くなってきているために、人々の感情が高まって、外国人に対する嫌悪感が出てきているのではないでしょうか。次に起こる危機は１９２９年の世界大恐慌、あるいはその後のすべての危機よりもはるかに大きく悪いものになるのではないかと、私は懸念しています。

繰り返しますが、過去の危機のきっかけは小さい銀行や企業の破綻でした。最初は小さい銀行や企業がつぶれていき、そこからどんどん大きくなっていきます。着火点は本当に小さいところであることが多いのです。

今、火花は世界のいたるところに出ています。不動産業界を見ても、オーストリアを本拠とする不動産大手、シグナ・ホールディングスが２０２３年11月に破綻しました。中国でも不動産最大手の恒大集団が実質破綻し、２０２４年１月に香港の裁判所から精算命令が下りました。こうした大手企業の破綻が飛び火する可能性はあると思いますし、その答え合わせができるのは数年後になるでしょう。

繰り返しますが、１９３０年代にオーストリアで１つの企業が破綻して、そこから大恐慌がはじまりました。もしかしたら、次の危機もオーストリアが発端になるかもしれません。それが大恐慌につながるかどうかはわかりませんが、ステップの一つになる可能性はあると思います。

経済危機が世界戦争へとつながる恐れも

渡邉　ジムさんの言う大きな危機とは、第三次世界大戦までを想定していますか。

ロジャーズ　歴史をたどると、今度の危機は世界戦争になり得ると思っています。多くの人は信じられないかもしれませんが、外国人に対するセンチメントは相当に悪化しており、それによって世界戦争につながる可能性はあるでしょう。

渡邉　私もロシアや中国、そして中東の動きを見ていて、大変危惧しています。

先日、ある国会議員の方と台湾有事に関して意見交換を行いました。その方は、中国の台湾侵攻は早ければ2024年と予想していました。なぜなら、2024年はアメリカでは大統領選挙があり、国論が割れ、分断が進んで混乱が深まれば、逆に習近平主席のチャンスは広がるというのです。侵攻は遅くても2027年、習主席4期目入りの前には台湾統一の実績を強調するはずだと見ていました。

そして私に地図を見せながら「もし中国が台湾に攻め入るとしたら、水深の深い東側からだ」と。つまり、台湾東側の海域には石垣島、宮古島なども含まれ、有事では主戦場になる可能性が高く、当然日本も巻き込まれることになります。

台湾侵攻が現実となったとき、日本は中国に対して経済制裁できるかどうかも問題です。日本経済は中国依存度が高く、制裁をする側の日本も受けるダメージが大きいからです。日本は中国との国交がなくなっても経済を守れるかということを真剣に考え、手を打っておく必要があると痛切に感じました。

ロジャーズ　渡邉会長は歴史について詳しく、非常に博識ですね。政治家が自らの非を認めることはありません。彼らは必ず誰かに責任を転嫁します。自国の国民に押しつけることはできないので、ほかの国の人のせいにするでしょう。それが戦争につながります。

２０２３年に起きたアメリカの中小銀行の連鎖倒産※については、すでにその火花であると言えます。これがショックのはじまりだと私は見ています。１９３３年にオーストリアの銀行が破綻し大不況に突入しましたが、その前にもいくつもの中小銀行が破綻しました。「ショックはすでにはじまっている」というのが私の見方です。ですから、すでに心配すべきポイントに到達していると思っています。

私は「次の危機では、リーマンショックを超える世界同時不況もあり得る」と考えてい

※２０２３年３月10日に、カリフォルニア州拠点の「シリコンバレー・バンク」、３月12日にニューヨーク拠点の「シグネチャー・バンク」が相次ぎ破綻。そして５月１日にカリフォルニア州拠点の「ファースト・リパブリック・バンク」が破綻。これはアメリカ史上２番目の規模の破綻となった

るのですが、多くの人は私の意見を聞いて「おかしい」と感じるかもしれません。しかし、私は歴史を見ているだけです。

中小の銀行や企業が破綻した後、大きなショックに発展することは歴史が証明しています。そして今はさまざまな国の債務が増え続けていますから、リーマンショックを超える危機に発展する可能性は大いにあり得るのです。

そんな危機を政治家は絶対に認めるわけにはいかないでしょう。ですから、実際に危機が起きてしまっても、彼らは必ず「大丈夫」と言います。「われわれが何とか対応するから問題ない」と言うのです。

渡邉　私が危惧しているのは、日本のメガバンクが日本国債の購入を抑えはじめているという事実です。その代わりに、低金利で収益が上がらない地方の中小銀行が日本国債を買い支えています。もっとも心配しているのは、金利が0・5％、あるいは1％上がると、中小の地方銀行の連鎖倒産が起きるのではないかということです。

それが日本の財政破綻の一つのきっかけになるのではないかと懸念しています。結果として、それが世界の大きな経済危機につながるのではないでしょうか。

ロジャーズ　渡邉会長がそうした問題を把握していることを、もっと多くの人に知らせ、警鐘を鳴らさなければいけないと思います。ただし、問題を提起すると、その問題を渡邉会長や外国人の責任にしてしまう人もいるでしょう。「物申す」のはいいことですが、敵対視されると大きな問題に発展してしまいます。そして、それが戦争につながる可能性もあります。

今後もし戦争がはじまってしまったら、アメリカの言いなりになっている日本は、戦争に参加せざるを得ないでしょう。しかし、日本の出生率の低下を見ると戦える若者がとても少なくなっている事実に気づきます。日本の若者は今後、苦労することになるでしょう。

私はなぜ日本がいまだに国内にアメリカ軍を置き続けているのか、まったく不思議でなりません。私が日本で権限を持っていれば、すぐにアメリカ軍を立ち去らせたいと考えるでしょう。しかし、日本はワシントンの言いなりになっています。

軍事力は、やがてその国を支配します。アメリカ軍が日本にいる限り、その軍事力が日本の政治と日本の将来を左右するのではないかと懸念しています。

渡邉　実際に日本は第二次世界大戦後、完全にアメリカの1つの州になってしまいました。アメリカから自立していないことが、日本が抱えているいちばん大きな問題だと思います。

各国の若者に「自国のために戦うか」とアンケートをとると、日本では「戦う」という若者が20%に満たず、調査国中もっとも低いのが実態です。

アメリカは第二次世界大戦後に日本人の愛国心をすべて摘んでしまいました。結果として日本人は「国を愛することは恥ずかしい」と思うようになってしまったのです。「自分のアイデンティティはどこにあるか」について、もう一度考えるべきだと感じています。

ロジャーズ　私たちが若かったころ、「国のために戦ってくれ」と言われれば、喜んで手を挙げる人が多かったかもしれません。そう考えると、今の若者は当時の私たちより賢いのではないでしょうか。「なぜわれわれは戦わなければいけないのか」と疑問視する時点で、実は私たちより賢いと言えるのではないかと思います。

ですから、会長が言うアンケート結果は、逆に私たちにとっていいニュースなのではないでしょうか。それが日本の政治に浸透し、日本の国全体として「私たちは戦わない」と言えるようになれば、とてもよいことです。

アメリカは１７８９年に合衆国憲法が正式に採択され国がはじまりましたが、それ以降、18年間を除いては、何らかの戦争をし続けていることがわかりました。現にアメリカは今、中東の地域紛争の渦中にありイラン国内の軍事施設も攻撃しました。今後戦争に発展する可能性もあります。ワシントンは戦争が大好きなのです。１９４５年以降、戦争に勝ってはいませんが、とにかく戦争が大好きです。それを考えても日本の若者が「戦争はやめろ」と言うのはよいことだと感じます。

図表1　世界価値観調査「もし戦争が起こったら国のために戦うか」

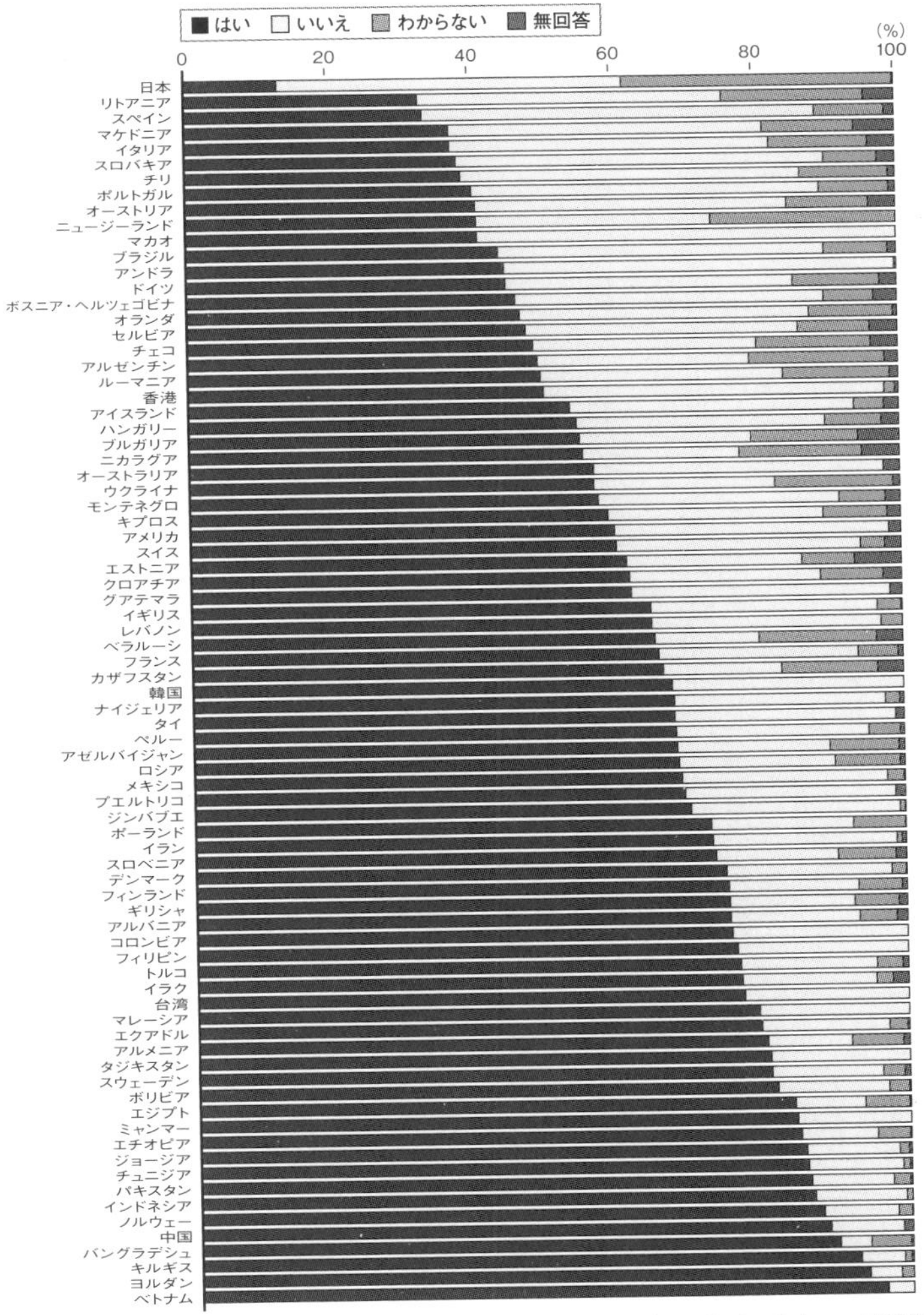

出所：World Values Survey HP（2021.1.29）https://honkawa2.sakura.ne.jp/5223.html
（2017年～20年）
注：各国の全国18歳以上男女1,000～2,000サンプル程度の意識調査結果

50年ぶりの円安が意味するものとは

ロジャーズ　2022年3月以降、急激に円安が進みましたが、私は、それまで円安が起こらなかったことに対してむしろ驚いているほどです。

私はもっと早くに円安が起こると予測していました。なぜなら、日本は何十年にもわたって、巨額な借金を積み重ねてきたからです。にもかかわらず、今になってようやく円安になった理由には、日本人の国民性が関係していると思っています。

これまで日本国民は、政府が「日本円を買いなさい」と言えば「はい、そうします」と従ってきました。この従順さが、円安になるのを遅らせた原因の一つだと考えています。

現在の円の価値は、50年ぶりの低水準になっています。では、50年前の日本はどんな国だったでしょうか。今とはまったく違う国でした。出生率も現在より高かったですし、国としてはもっともっと発展していました。今は借金が大きく増えたうえに、出生率が減っています。そう考えると、さらに円安になるのは明らかではないでしょうか。

50年前の1970～80年には、円の相場は1ドル175～200円でした。同じ水準まで円安が進むことは大いにあり得ると考えられます。今は当時より人口動態が悪く、借金が多いので、50年前よりさらに円安に動く可能性も十分あります。

たとえば、エイリアンが地球にやって来て、日本を見たとしたら「この国に投資しよう」と思うでしょうか。借金が増え続けていて、人口が減っている国に投資しようとは思わないはずです。きっと「この国とは距離を置きたい」と思うに違いありません。その気持ちは、世界中の人々も同じです。日本に投資する人がいなければ、円安はさらに進みます。

エイリアンがさらに詳しく日本を観察すると、「われわれと戦える若い男性が減っている」「これは支配するのに絶好の国だ」と考えるかもしれません。今の日本には、プラスになる材料は少ないのです。

ただ、先ほども言ったように「国のために戦いたくない」と考える人が多いのはよいことです。

それに円安は悪いことばかりではありません。円安によって儲かる企業もあるからです。短期的には日本に恩恵をもたらします。株価も一時的に上がるでしょう。しかし、長期的に見ると、プラスにはなりません。これまで自国の通貨を安くして成功した国を見たことはありません。今後も円安が続くとすれば、私はみなさんに「早く国を出なさい」と伝えなければなりません。

日本の紙幣印刷量は30年間でアメリカの6倍

渡邉　日本でバブルが崩壊して以降の約30年で日銀がお金を印刷した量をアメリカと比較すると、日本は実質的に6倍になっています。

バブル当時の為替相場は1ドル＝100円程度でしたから、ほかの要因をすべて除いて極端な話をすれば、今は「1ドル＝600円になっていてもおかしくはない」と言えます。日本は約30年前にバブルが崩壊して、そこから経済成長をしなくなったのですが、それでもお金の使い方を変えませんでした。日本は戦後ずっと同じようなお金の使い方をしてきたのです。

それどころか少子高齢化が進んだため、それを解決するために、より多くのお金を印刷してきました。政治家は特別に「たくさんのお金を刷ろう」と考えたわけではありません。経済成長していないにもかかわらず、何も考えずに今までと同じサービスを続けてきた結果、お金の量が莫大になってしまったのです。それが今の日本の実態です。

そう考えると、円安は少なくとも以前の1ドル＝360円まで戻るだろうというのが私の考え方です。円安にはメリット・デメリットがありますが、基本的に通貨の強さは国力

図表2　**日米のマネタリーベース推移**

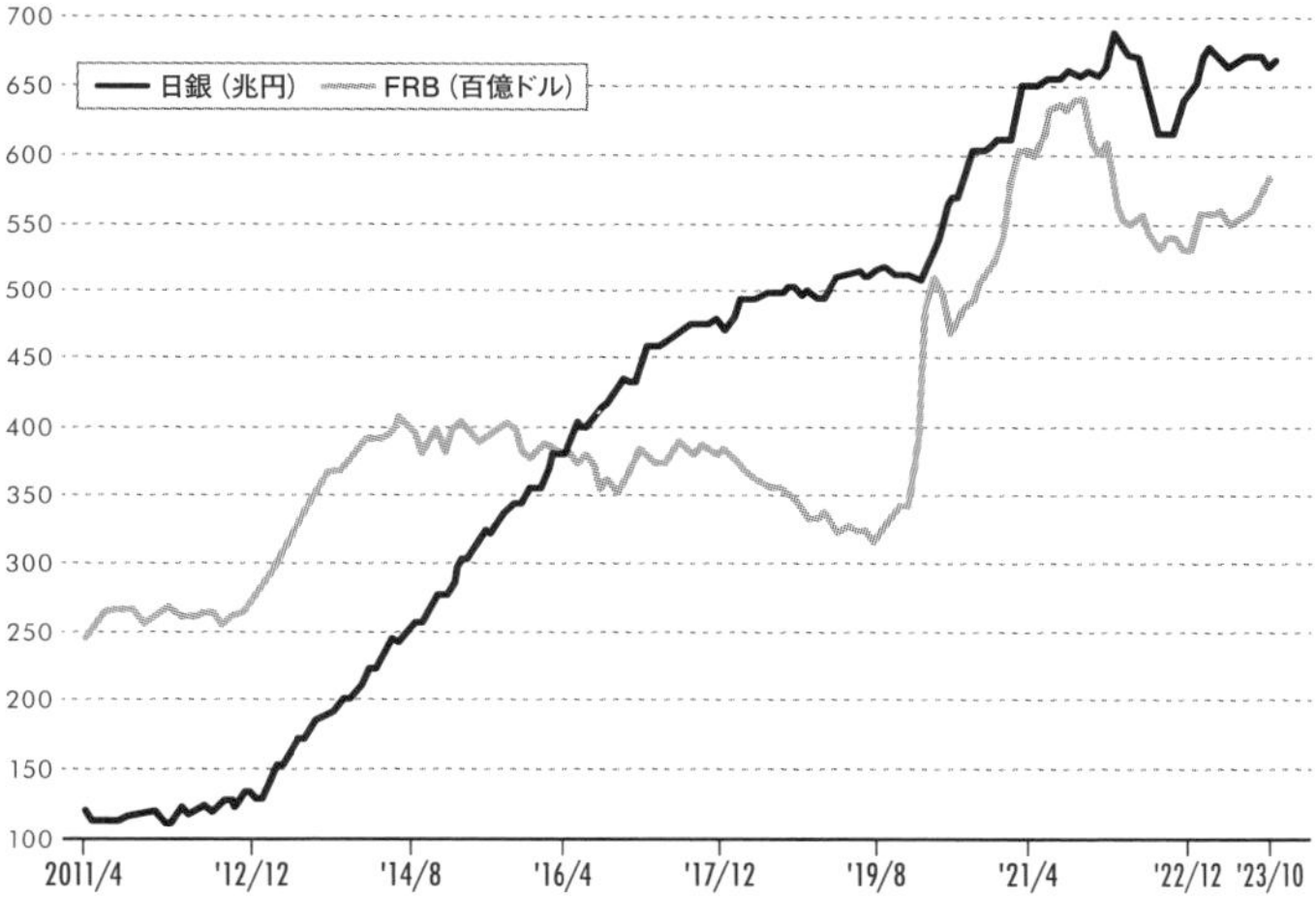

出所：チャートギャラリー

そのものですから、日本にとっては円高が必要だと思います。

ロジャーズ　６倍という数字を含めて日本の現状をもっと発信してほしいですね。国内だけでなく世界に伝えるべきでしょう。日本の大きな課題である円安を解決するには、「出生率を上げる」「借金を減らす」の２つの方法しかありません。しかし、政治家や日本人はそれを好みません。だから円安はいっそう進むでしょう。

　たとえば日本の政治家は「われわれは日本人だ」「誰よりも優れている」と言って、移民を増やそうとしません。歴史を見れば、人口が減り、借金が増えた国は破綻に向かうことは明白です。にもかかわらず、政治家は「今回は違う」と言うでしょう。「今回は違う」という言葉は本当に危険です。誰かがそう言うとき、大抵は間違っているものですから。

渡邉　日本ではマイナス金利を解除したら円高になるといわれていましたが、解除発表後、円高どころか円安が進みました。マイナス金利になっていたのは、日銀の当座預金500兆円のうち30兆円しかありません。ほとんどマイナス金利は適用されていない。世界中の投資家に見透かされたのです。

マイナス金利を解除しようと、アメリカが利下げしようと、それは大きな問題ではありません。私は日本の国力の問題だと思います。構造的な日本という国の財政の問題です。そうした大きな視点からすれば、今の円安が一時的に円高に振れることがあっても、円安の大きな流れは2024年以降も変わらないでしょう。そしてさらに進むと考えています。

ロジャーズ　中銀が何をしても円安のトレンドは変わりません。

私は、この先、円高になるイメージはまったく持っていません。円がいまだにこの水準であることにむしろ驚いています。もっともっと円安になるはずです。

日本のインフレはどこまで進むのか

ロジャーズ　日本も世界各国と同様にインフレが見えてきています。ただ、国が発表している数字は信憑性が低いものです。たとえばインフレを見る比率が違っていたりします。いちばん確かなのは肌感覚です。ただ、日本では長い間、インフレがなかったので人々の肌感覚がなくなっています。

インフレが起きた場合、それを抑制する方法は利上げをすることです。日本がインフレになっても、日銀は大胆な利上げをしないでしょうが、利上げは絶対に必要です。

最近の日本のインフレの状況について渡邉会長はどう感じていますか。

渡邉　私は飲食店も数多く経営していますので、インフレの動向は注意深く見ています。日銀は「2%の物価目標が持続的、安定的に実現する見通しを確認できなければ、利上げをしない」と言っていました。

しかし、私の肌感覚では、すでに日本では3%を超えるインフレになっていると思います。このままインフレが続けば、いずれもっと金利を上げなくてはならないでしょう。日銀の10年前の議事録が公表されましたが、そこには「物価上昇率が2%を超えれば、政府や政治家が何と言っても、財政ファイナンスはやめる」と書かれています。日本が2％のインフレになり金利を少しでも上げざるを得なくなったので、イールドカーブコントロール※（YCC）もやめることになったのです。

ロジャーズ　この話はぜひ、渡邉会長に本にしてほしいですね。

渡邉　エコノミストの方たちとも話をしていますが、インフレが2％を超えると金利を上げざるを得ません。しかし、大幅に金利を上げると日銀の国債の含み損によって、債務超過に陥ります。もしくはバランスシート（貸借対照表）の貸方の当座預金に金利がついて、本当の債務超過になります。

そのときに、「アメリカやヨーロッパの銀行が日銀の当座預金に預けている資金を引き上げるのではないか。日銀はこれをもっとも恐れているのではないか」とエコノミストは言っています。ジムさんは外国銀行が日銀の当座預金にある資金を引き上げることはあると想定していますか。

ロジャーズ　歴史的に見て、さまざまな人たちに気づきが起きると、そこからショックが引き起こる可能性があります。その気づきとは何か。渡邉会長がエコノミストと話をしたように、外国の銀行が預金を引き出すこともその一つです。

そうした気づきが起きると、ショックの引き金になったり、問題がさらに大きくなったりする可能性があるでしょう。ですから、エコノミストが言った懸念が現実となり、そのときに相場が大きく動く可能性があります。

日本国債の格付けは〝ダブルB〟が妥当

渡邉　国債の格付けの問題ですが、日本はイタリアと比較しても借金が多い。それを考えると、もっと国債の格付けが下がってもやむを得ないと思いますが、いまだにシングルAが維持されています。その理由として、日本が財政ファイナンスをし続けていることが挙げられています。

しかし、金利が上がって国の予算が組めなくなると、国債の格付けが2段階程度、つまりダブルBくらいまで下がるのではないでしょうか。それが日本の経済にダメージを与え

※イールドカーブコントロール（YCC）：金融機関が日本銀行に預けている預金の一部に、マイナス金利を適用して短期金利をコントロールし、長期国債を買い入れることで長期金利が0％付近で推移するようにコントロールすること

るとの意見もあります。国債の評価について教えてください。

ロジャーズ　もちろん、今の日本の国債の格付けは、実際の国の健康度よりも高くなっていると思います。しかし、それは日本だけに当てはまるものではありません。アメリカも同じです。アメリカの国債も実際には現在の格付けよりも低いはずです。

ただ、渡邉会長が指摘するとおり、ショックがはじまれば、格付けは下がっていくでしょう。国債の格下げは日本のみならず、世界各国に及ぶはずです。

なかでも日本はどんどん人口が減少していますから、より深刻な状態になります。借金を返すのは高齢者ではなく、若者なのです。

会長のお孫さんは海外に出たほうがいいでしょう。すべての日本の若者は日本を飛び出したほうがいいと思います。このままでは日本のために戦ったり、日本の債務を支払ったりすることになってしまいますから。

アメリカの企業向け金融融資基準が厳しくても厳しくなくても、大不況はやってきます。それがシグナルなのかどうかは別として、不況の単なる理由の一つかもしれません。

中国の不動産バブル大崩壊は世界にどう影響するか

渡邉　中国の不動産バブルが崩壊しましたが、その影響はどのくらい大きくなると予測していますか。

ロジャーズ　歴史的に見れば、さまざまな地域で何度も不動産バブルは崩壊しています。中国政府は、「バブル崩壊を阻止するために不動産市場を緩やかに冷やした」と言っていますが、誰が見ても明らかに崩壊しています。その規模は私が見てきた中でもっとも大きいと言えます。

バブルが崩壊した場合には、そのバブルの規模が大きいほど、元に戻るまでに時間がかかります。フロリダ、カリフォルニア、クエート、そして日本、さまざまな場所で不動産バブルが崩壊していますが、元に戻るまでにとてつもなく長い時間がかかっています。

渡邉　中国経済について、私はそれほど心配していません。これまでも中国でビジネスをしてきましたが、共産主義、独裁政権であるがゆえの経営リスクはあります。しかし、経済に関しては、対応が早いと感じています。今後、デフレが起きた場合には、素早く抑え込むことが可能でしょう。それは中国の利点です。

日本の場合、バブル崩壊後に不良債権の処理が遅れたのが問題でした。会社や個人が一生懸命債務の返済をしてきました。成長よりもバランスシートを整えようとしたため、「バランスシート不況※」に陥ったのです。それがバブル崩壊後、30年にも及ぶ不況の正体だと思います。

それに比較して中国は人口の40％が農村で、1人当たりの平均年収が1万3000ドルと非常に低い状況です。まだまだマクロ経済に成長余力があり、日本のようなバランスシート不況になることはないと思います。

今回の中国の不動産バブル崩壊は、独裁政権によって乗り越えられるだろうと考えています。

ロジャーズ　中国の不動産バブル崩壊の影響が「30年続くのか」「デフレスパイラルが30年続くのか」と聞かれれば、それはないかもしれません。ただ、中国の不動産バブルは20年程度の間に過去にないほど大きく膨れ上がったので、崩壊後、元に戻るまでには、それなりの時間がかかるだろうと私は予測しています。

バブルが崩壊したときには、外の国が助けてくれるだろうと期待したいところです。リーマンショックでは、中国が救済役となりました。しかし、今回は中国の不動産バブルが崩壊を救ってくれる国はありません。世界全体が問題を抱えている中で不動産バブルがはじけました。今、中国を救えるような国はありませんから、リーマンショックよりも問題は大きくなるだろうと思います。今後、デフレスパイラルを抜けるのは非常に困難なことになるでしょう。

とはいえ、中国という国が存在しなくなることはあり得ません。中国で成功し、お金を儲ける企業は今後も出てくるでしょう。

渡邉　私は、中国が不動産バブル崩壊から立ち直るまでに時間がかかると、台湾侵攻へのきっかけとなってしまう可能性があると考えています。だからこそ、１３００兆円規模というとてつもない中国の不動産バブル崩壊を、独裁政権の力で克服してほしいと願っているのです。

ロジャーズ　日本を見てもわかるように、30年前にバブルが崩壊した後、人口は減り続けていますし、借金も増え続けています。いまだに元に戻っていません。やはり中国が元に戻るには相当な時間がかかるでしょう。

中国も国内で問題が起きてしまうと外国人の責任にして、銃撃戦になる可能性はあると

※バランスシート不況：不動産バブルが崩壊した場合などには、多くの企業がバランスシートを修復するため、設備投資よりも負債の圧縮を優先する。そのため、金融緩和による景気刺激効果が弱まる状態。野村総合研究所のリチャード・クー氏（当時）が提唱

思います。

渡邉　日本の不動産価格もすでにバブルだと思いますが、需給バランスの関係で不動産の価格格差が拡大しています。いずれ日本の不動産バブルがはじけたとしても、都心の一等地の価格だけは時間を経ずに戻ると見ています。

ロジャーズ　私は、日本はまだ本格的なバブルとは見ていません。世界の市場がもっと下落するまでは、日本の不動産バブルは崩壊しないと思っています。

あまりにもバカげたMMT理論を信じてはいけない

ロジャーズ　危機が起こると、誰もが簡単な解決策を探そうとします。コロナショックの際には、MMT理論（現代貨幣理論）が話題になりました。通貨発行権（中央銀行）を持つ国家は債務返済に充てる自国の通貨を自由に生み出せるので、決して破綻することはないという理論です。

すでに多くの人が気づいていると思いますが、こんな理論が成功するはずはありません。

私自身も大いにバカげた考えだと思います。しかし、「間違っているから使われない」ということはありません。イギリスや日本の中銀の対応はまさにこのMMT理論信者そのものです。

お金をたくさん刷れば、もちろん短期的には経済はよくなるかもしれません。しかし、長い目で見ればお金を刷り続けて、国が元どおりになるはずなどないのです。

過去を振り返ると、アフリカのジンバブエは紙幣を大量に発行し、債務を無視したことで、国が破綻しました。にもかかわらず、世界中でMMT理論を試みる人はまだまだ出てくるでしょう。なぜなら、先にも言ったように、それが危機に対応するのにもっとも簡単な解決策だからです。

渡邉　お金をたくさん刷れば、お金の価値が下がるのは当たり前で、インフレが起きるのも当然です。MMT理論では、「インフレになったらすぐにお金の印刷を止めればいい」と言っていますが、その段階では、すでにお金があふれかえっています。一度世の中にバラまいたお金を急に回収することはできません。

政治家の中には、「財政再建不要」「もっと財政出動を」と声高に叫ぶ議員も少なくありません。彼らの主張の根拠がMMT理論です。しかし、そんなうまい話があるわけがありません。子どもでもわかることです。MMT理論は、政治家にとって都合のいいポピュリズム理論だと私は思います。

ジムさんも、著書の中で「MMT理論はフリーランチと同じ。誰かがいつかそのツケを払わなければならない」と言っていますね。

日銀が円をどんどん刷ってそれを国が使いたい放題使って問題がないなら、すべての税金は必要ないはずです。なぜ、国会議員がこんな理論に飛びつくのかというと、政府がそれを実行すれば、公共事業の予算が増え、国会議員は自分の成果として有権者にアピールできるからです。まさに「自分の仕事を守りたい」からです。

しかし、借金はいつか返さないといけません。政治家であれば、こんな理論に振り回されず、未来の子どもたちにツケを押しつけないように、しっかり考えないとなりません。

無駄な戦争がもたらす世界経済への影響

ロジャーズ　ロシア・ウクライナ戦争は、当事者であるロシア、ウクライナにとってはもちろんのこと、ほかのさまざまな国にとっても、メリットはまったくありません。人命の無駄、時間の無駄、資源の無駄、お金の無駄……無駄なことばかりです。その中で原油価格や穀物価格の上昇も大きな問題になっています。

イスラエルとパレスチナの戦争状態も続いていますが、これは今にはじまったものではありません。何十年、もしかすると何百年も続いているものです。中東では何らかの戦争状態や危機的な状況が数年ごとに起きています。今回の戦争状態もそれと同じです。

私は短期的な解決策ではなく、イスラエル、そしてパレスチナの両サイドが納得できる和解をしてほしいと考えていますが、それが何かはわかりません。

はっきりしているのは、ロシア・ウクライナ戦争と同様に、イスラエルとパレスチナの戦争状態には、何のメリットもないことだけです。今後、さらなる人命、時間、お金が失われるでしょう。それがとても心配です。

渡邉　環境問題、エネルギー問題、食料問題を考えると、「地球が本当の意味で一つにならなければいけない」というのが私の持論です。つまり、私は国境がなくなることを願っているのですが、ウクライナやイスラエルの問題は、それに逆行するものです。これは地球が悪い方向に向かっていることを意味します。私はそれをとても危惧しています。

ジムさんが言うように、当面はエネルギーコストや食料の問題などが世界に多大な影響を及ぼすでしょう。これも大きな問題ですが、それよりも私は「人類や地球はどうあるべきか」という視点を地球人一人ひとりが持つことこそ大事だと考えています。

特にイスラエルには、「攻められたら攻める」「攻めなければ攻められる」との考え方があります。これではいつまで経っても解決しません。これ以上被害を出さないために、どこかであきらめるしかないのです。これは人間の根源的な部分に関わる問題ではないでしょうか。

ロジャーズ　まったく同感です。歴史的に見ると、人類は戦争を好み、常に戦争に向かっていました。いかにして平和主義に転換するか、それが本当の意味で今後の世界的な課題になると思います。

過去の戦争を振り返ると、最初はどちらもともに自国愛が強く、戦争に対して意欲的ですが、数週間、数カ月、数年経つと、人々は「なぜこんな戦争をはじめてしまったのか」「どうすれば戦争を終わらせることができるのか」と考えはじめます。今回も同じような状況になるでしょう。

第2章

金・銀・株・通貨……未曾有の危機に備え〝資産〟をどう守るか

迫りくる世界恐慌に対する、最強の資産防衛法とは

ロジャーズ　世界恐慌から資産を守る方法としてもっとも有効なのは、金と銀の保有だと私は思います。なぜなら、何か悪いことが起きたときに金や銀の価格は上昇するので、保険的な役割を果たしてくれるからです。

金や銀を保有するのは、資産を増やすための投資ではなく、資産を守るための保険としての投資です。多くの人は生命保険や医療保険に加入していると思います。万が一のことがあったときに生命保険は遺族の生活を守ってくれますし、病気やケガをしたときには医療保険が治療費を補填してくれます。

それと同じように、資産の一部として金や銀を保有していると、危機が起きた際に資産を守ってくれます。なかでも、自国の通貨資産ではなく、他国の通貨として流通している銀のコインを持つことが、私は有効だと考えます。

私は次の危機で「世界が崩壊する」と予言しているわけではありません。けれど、次の危機によりみなさんの資産が大きな痛手を受けないように備えることはとても重要です。その意味でも、私は金と銀の保有を勧めているのです。

一方で資産を増やすための投資をしておくことも大事です。読者のみなさんが興味のある国を調べて、有望な投資対象を探してみるといいでしょう。

その際に忘れてはいけないのは、「自分で資産を運用する」ことです。自分が儲けるためには、私や渡邉会長など自分以外の人の意見を聞いてはいけません。自分で調べて自分の好きなもの、興味があるものを見つけ出すべきなのです。

私が子どものころ、アメリカ人の多くは日本製品をバカにしていました。当時、日本に投資していれば、アメリカ人のほとんどが巨大な富を築くことができたはずです。他人の言うことを聞いても当てになりません。自分で考えることが大事です。

渡邉　仮に日本で1億円の資産を保有する人が資産運用をするとしたら、ジムさんはどのようなポートフォリオ（資産配分）を勧めますか。また、どのようなタイミングでポートフォリオをローテーションしますか。これは、私が経営者の友人にいつも聞かれる質問です。大前提として、彼らが自分で考えなければいけない問題ではあるのですが……。

ロジャーズ　それは、ポートフォリオマネージャーに聞いたほうがいいですね。私はポートフォリオマネージャーではありません。私にとって投資とは、自分の趣味です。好きだからこそ、さまざまなことを調べているのです。

その経営者の方たちに言えるのは「あなたたちが知っているものに投資すべき」という

ことだけです。ただ、本当に詳しくて信頼できるポートフォリオマネージャーがいれば、その人に頼ってもいいでしょう。しかし、どんなに優秀な人でも、長い間成功し続けることはできません。最終的に頼りになるのは自分自身です。

株式の時代から商品（コモディティ）の時代へ

ロジャーズ　多くの人には投資対象としてなじみがないかもしれませんが、商品（コモディティ）には原油やガソリンなどのエネルギー、金や銀などの貴金属、トウモロコシや大豆などの穀物といったものがあります。それらすべてが投資対象となっています。

私は長い間、商品に注目して投資を続けてきました。長期的に見て、商品ほど儲かっている資産は少ないからです。ご存じかもしれませんが、私は１９６６年から74年にかけて砂糖への投資で大きな利益を手にしました。そのとき砂糖の先物価格は１・４セントから66セントへ45倍にも上がりました。

基本的に株式と商品の相場は、逆相関の関係があります。つまり、株式が上昇するときには商品が下がり、商品が上がるときには株式が下がる、といったように、逆に動きます。そして、約18年サイクルで両者の優位性が入れ替わります。

過去を振り返ると1970年代は商品相場が過熱し、株式市場は不振でした。当時のアメリカは史上最悪のインフレ状態にあり、商品価格が上昇を続けたのです。砂糖以外にもトウモロコシは295％の上昇、石油も1970年代に15倍に上昇しています。さらに、金や銀は10年間で20倍以上にも上昇しています。その後は「株式の時代」が到来しました。

そして今、しばらく続いた株式の時代が終わり、「商品の時代」に転換しようとしています。私は世界のインフレが再加速する可能性があると見ていますので、ポートフォリオには、ある程度の商品を組み入れておくのもいいと考えています。

商品への投資はインフレや株式市場の下落に対しヘッジ機能の役割を果たしてくれます。物価が上昇すれば商品の価格も上昇するので資産の目減りを防ぐことができます。株式などとは違う値動きをすることが多く、株価が下がった分を補ってくれる可能性があります。

渡邉　貴金属やエネルギー、農産物などの商品の相場は個別の動きをするため、それぞれの特徴を知ることがもっとも大切です。個々の動きをしっかり見ていくことが重要ですから、商品に関しては私はもっぱら金を少しという感じです。

ロジャーズ　商品への投資は以前よりも簡単にチャレンジできるようになっています。商品関連のＥＴＦやインデックスファンドを利用すれば、個人でも気軽に投資ができます。大きなリスクをとらなくても、商品相場の上昇を自身の資産に取り入れることができるようになっているので、もし商品に興味があるなら、あなたのポートフォリオに組み込んでもいいでしょう。ただし、私が言ったからではなく、あくまでもあなたがその商品に詳しくて、興味があればの話です。

不況時、金、銀は強い。保有比率はどうする？

渡邉　ジムさんは保険として金や銀を保有しているとのことですが、資産全体に対して、どの程度の割合を占めていますか。

ロジャーズ　私の書籍の読者の中にも「ジムは金と銀を買うべきだと言うが、ポートフォリオの比率を一切教えてくれてない」と言う人が少なくありません。みなさんは、加入している生命保険や医療保険を進んで利用したいと思っているでしょうか。そんなことはないはずです。健康で長生きできれば、それに越したことはありません。保険は万が一のときに困らないようにするためのものです。ですから、私のポートフォリオの中で金や銀の比率はそれほど多くありません。ざっくり言えば5〜10%です。

もしあなたが金と銀にとても詳しいのであれば、全額を入れてもいいと思いますが、よほど詳しくなければやめたほうがいいでしょう。あくまでも保険感覚である程度持っておくことをおすすめします。

現在、金は円を含めてどの通貨においても、最高値を記録し、株式相場と相関状態です。どこまで上昇するかはわかりませんが、今後さらに大きく上昇するでしょう。銀の過去最高値は、1トロイオンス50ドルです。確実にその水準まで戻ると私は疑っていません。買うとしたら金よりも銀を選びます。なぜなら、銀は工業用途や投資向け需要が高まっているので、持っていて損はないと考えているからです。

誰もが自分のクローゼットに金・銀の塊を入れておいたほうがいいのです。金や銀は貧しい人でさえわかるような資産です。だからこそ、そうしたものを持っておくべきでしょう。ただ残念なことに、金も銀もバブルになる恐れがあります。投資家として金・銀を保有している場合は、利益を得るために売却が必要となるときもあるでしょうが、その後の、買い戻す絶好のタイミングを逃さないようにしてください。

ドル は〝最強の安全資産〟であり続けられるか

渡邉　大不況を前提にすると、経営者には非常に大きな負担がかかります。私が経営者から相談を受けた際には、「とにかくドルを買いなさい」とアドバイスしています。ジムさんからも日本の経営者にアドバイスをお願いします。

ロジャーズ　ドルを買うのは非常にいい提案だと思います。

渡邉　日本の資産を円、株式、不動産、国債の４つで見た場合、私は先行きについて次のように想定しています。

●円　↓　暴落する
●株　式　↓　輸出産業やインバウンド産業の一部は復活するが、全体としては暴落する
●不動産　↓　暴落するが一等地の価格は戻る
●国　債　↓　暴落する

一方でアメリカについては次のように考えています。

●ドル　→　上がる
●株　式　→　一度は下がるがいずれ元に戻る
●不動産　→　一度は下がるがいずれ元に戻る
●国　債　→　不況がきて一時的には下がるが、比較的早く元に戻る

これを前提条件にして私が経営者の友人に対してアドバイスしているのは、「お金があったら、ドルのMMF※やアメリカの国債にするべきだ」ということです。アメリカの借金も確かに増えているけれど、エネルギー、武力、ITなどの産業においては世界ナンバーワンであることは変わりません。「世界中を見回してもアメリカの国債がもっともいい」と伝えています。加えて、「資産の10%程度は、金や銀などの商品にしておいたほうがいい」とアドバイスしています。

仮に円の暴落が現実になった場合、目安として私は1ドル＝300円を想定しています

※MMF（マネーマーケットファンド）：国債など安全性の高い商品で運用する投資信託の一種

が、そのときには、日本の優良株も暴落します。そのタイミングで日本株を買う。不動産も下がるはずですから底で拾う。

その時点で「アメリカの国債3分の1、日本株3分の1、日本の不動産3分の1」のポートフォリオにします。おそらく、このオペレーションによって資産を守ることはできるというのが私の考え方です。これについて、ジムさんに具体的なアドバイスをいただきたいです。

ロジャーズ　私も渡邉会長の考えに似ています。私のポートフォリオの大半はドルです。ドルのキャッシュや現金に近いもの、たとえばMMFなど短期の金融資産を保有しています。私はいずれ大不況がくると予測していますが、そのときには、世界中が安全資産と考えるドルが、さらに買われるでしょう。

ただ、私自身はドルを安全資産だと思っているわけではありません。世界の金融市場が「ドルが安全資産だ」と考えているため、危機の際にドルの価格はより上昇するはずです。だから私もドルを保有しているのです。

そしてドルがバブルの水準に達したらドルを売るタイミングですから、売らなければなりません。そのとき、私にドルを売る勇気があることを願っていますが、ドルを売って、何を買えばいいのか私にはまだわかりません。どの通貨を買えばいいのか判断ができないのです。その答えはおそらく人民元だと思いますが、人民元は自由に取引ができないので実際には難しいでしょう。

私が今いちばん心配しているのはインフレです。インフレが続くと、金や銀の価格が上がっていきます。一方で金利が高くなるので、不動産や株式の価値は下がります。全面的な資産安になってしまうことを懸念しています。

日本の不動産も遠からずバブルになるような高値圏にあるため、私にとっては投資対象ではありません。もともと売りたいときにすぐに売れない流動性の低い資産は私好みではありません。近いうちに金利が上昇すれば資産価値は下がるので、不動産は相当ネガティブです。

渡邉　世界恐慌になった際も、ドルが強くなると考えていますか。

ロジャーズ　世界恐慌がきたとき、投資家たちは安全だと思っているドルに群がると考えています。そのときにドルはバブルになるかもしれません。ただ、一つ警告しておきたいのは、歴史的に見てもアメリカはどの国よりも借金が増えています。借金が多い国ですから、ドルは絶対的に安全な通貨とは言えません。

日本円は崩壊の危機！　今すぐほかの通貨をチェック

渡邉　かつては円が安全資産と考えられていたと思いますが。

ロジャーズ　歴史が美しいと思うのは、常に変化があることです。昔は円が安全通貨だとされていましたし、日本はすばらしい国だと思われていました。しかし、国であろうと、通貨であろうと、すべてが変化していきます。アメリカもいずれは変化を遂げます。

ですから、私もドルを売るタイミングを見つけたいと思っています。さまざまな国のさまざまな通貨のめまぐるしい変化を捉えることが、投資家としての大事なスキルの一つでもあるのです。

渡邉　読者へのメッセージは「今はドルを保有して、次の投資をする準備をしよう」ということですね。

ロジャーズ　正しくは日本円以外の通貨です。それがドルかどうかは私にはわかりません。なぜなら、もし円が崩壊してしまえば、ドルも崩壊する可能性があるからです。その意味で「ドル」と断言しにくいのですが、次のショックがくる前に日本円以外の通貨、あるいは金や銀などに投資しておくべきなのは確かでしょう。

世界中で刷られ続けている紙幣へのツケはいずれ必ず回ってきて、不幸な結果をもたらします。そのときには、紙幣への信頼性は失われ、相場は大暴落します。日本円が崩壊すれば、みなさんが持っている円は価値を失い、紙クズ同然になってしまいます。円以外の通貨をよくチェックして準備しておくといいでしょう。自国以外の国に投資する機会は必ずあるはずです。

その際、借金が少ない国を探すのはいいことですが、該当する国はほとんどありません。北朝鮮は借金が少ないですが、投資対象にはなり得ません。

日本とアメリカ、株式市場の大暴落はまもなくやってくる

ロジャーズ　通常、アメリカの株式市場は大統領選挙の前年からほぼ上昇し、活況状態になります。そして、選挙の年にはさらに市場は明るさを増していきます。というのも、アメリカの中銀が大統領選挙のために大量にお金を刷るからです。歴史的に見ても、大統領選

挙で支出が多くなった翌年は、何もしなくても景気が冷え込むことが多いのです。

アメリカの株式市場は２００９年以来、上昇を続けていて史上最長です。しかし、そろそろ終わりが見えています。おそらく今年の後半には終わるでしょう。そのころには日本の市場もピークになっているかもしれません。日本市場は34年前の高値を更新（２０２４年2月22日）し、史上初の４万円台を記録（同3月4日）しましたが、その後はどうなるでしょうか。日銀が、ただひたすら高値を更新していくだけなのかもしれませんが、私は日銀がそんなに大金持ちだとは思っていません。

戦争になったら金融資産と通貨はブロックされる

ロジャーズ　何度も言うようですが、大きな攻撃がはじまる前には小さな敵対行為が蓄積されています。そして、戦争になれば政府は自国の金融資産と通貨を封鎖する（他通貨への交換や海外送金が不可能）傾向があります。資産が封鎖されると通帳明細には資産額は記載されていても、それを海外へは送金できません。外には出せないまま、最悪のときには、手持ちのお金がすべて消滅する場合もあります。

だからこそ、ブロックされる可能性のある国の通貨は保有すべきではありません。資産は安全通貨に入れておくべきです。ただし、今、安全通貨とされているドルのアメリカでさえ、第二次世界大戦中には、同盟国も含めたすべての金融口座を凍結しました。その当時は誰もがアメリカに投資したいと考える時代で、さまざまな国がアメリカに口座を持っていたのです。

1970年以降は、アメリカに直接投資しても口座が凍結されることはなくなっていますが、戦争が起こった際に、ドルが安全通貨でいられるかどうかはわかりません。できれば資産は中立的な国、あるいは戦争に関係ない国に置いておくべきでしょう。

戦争が起こらなくても、日本では国の債務が危機的状況になった場合には、銀行が口座を凍結し、金融資産を封鎖する可能性も十分に考えられます。そうしたリスクを回避するためにも、国外に資産を分散させておくことをおすすめします。

渡邉　私も、日本の財政破綻時には国内の金融機関の預金凍結も考えられるため、海外の銀行に口座を持っておくことをとても重要に感じています。

危機の後には、投資のチャンスがある

渡邉　世界恐慌が起きたときは投資のチャンスと考えていいでしょうか。

ロジャーズ　ハイパーインフレで通貨が暴落したときは、何もかもがバーゲンになります。

コロナ禍は経済的にも大きなショックをもたらしましたが、「危機」の後には、さまざまな投資機会が生まれることも事実です。私は、以前からコロナショックの後には観光やそれにかかわる航空会社、飲食、ホテルなどの業界にチャンスがあると言ってきました。現に、日本でもコロナ禍前以上にインバウンド需要が高まっているでしょう。まさにチャンスが到来しているのです。

しかし、私自身は、２０２３年に入ってから先進国への投資を控えています。その理由は、今後1年程度の間に大きな経済ショックが待ち構えていると考えているからです。

アメリカでは２００９年以降、大きな経済ショックを経験していません。14年もの間、何もショックがなかったのは歴史的に最長です。そう考えても、近いうちにアメリカで何らかの大きいショックがあると考えています。

投資としての「社債」の捉え方

渡邉　先ほど申し上げたように私自身もドルで資産を保有する意味でＭＭＦに投資していますし、一部の資金で金を保有しています。また、アメリカの安定した企業の社債も購入しました。アメリカの企業の財務諸表を見て感じたことは、株主が強すぎて配当を強化するがゆえに自己資本が薄いことです。

自己資本が薄い企業の社債は買いにくい面があります。そこでジムさんに教えてほしいのですが、一つは自己資本が薄い企業の社債でも大丈夫か、もう一つはアメリカ企業の自己資本が非常に薄い実態についてどう見ているか、この2点を教えてください。

ロジャーズ　アメリカ企業の社債は、アメリカの国債より利回りが高いため、魅力的な投資と言えます。ただ、投資する際には、企業の選別が非常に重要です。過去にもアメリカの最大手企業が何度も破綻しています。

社債を発行した企業が破綻すれば、利子を受け取れないこともありますし、元本が戻ってこない可能性も十分にあります。ですから、企業の選別に注意しなければいけません。

渡邉　自己資本については、どう考えればいいでしょうか。

ロジャーズ　自己資本比率が高い企業の社債に投資したいと考えるのは自然のことですが、そう簡単にはいきません。自己資本比率は業種によってもまったく変わりますので、どの程度が適正かを明確に答えることはできません。

一つ確かなことは、自己資本比率が高くても破綻する企業はあるということです。たとえば、ゼネラルモーターズ（GM）は世界一の自動車会社でしたが、2009年に破綻しました。当時のGMのバランスシートは非常に強固でした。しかし、時代の流れについていけなかったこともあり、破綻に追い込まれたのです。ですから、自己資本比率が高いから破綻しない、低いから破綻の確率が高いとは言い切れません。

またGMの格付けは1965年にAAAでした。しかも一切借金をしていない、世界で最大の自動車会社だったのです。当時、日本の自動車会社がアメリカ進出を準備していると知らされたGMの幹部は、その事実を笑い飛ばしました。しかし、その後にGMは破綻して、トヨタが世界一の自動車メーカーになりました。

これらを考えると、現在バランスシートがどうなっているか、自己資本比率がどうなっているかではなく、今後の時代についていけるのか、今後どうなっていくのかを見極めることが非常に重要だと考えます。

社債と同じように、アメリカが発行する債券が国債です。企業と国の信頼度を比べれば国のほうが破綻リスクは低いですが、利率は、国債よりも社債のほうが高くなります。利率だけで見れば、社債は魅力的な投資先ではありますが、その分リスクが高いことを理解しなければなりません。

実際にアメリカの企業に投資する際には、企業の選別を十分に行うことが大切です。

〝買い〟のタイミングは国民が「あきらめたとき」

渡邉　日本でハイパーインフレが起きた後には、資産のバーゲンセールがはじまるとのことですが、買うタイミングはどう見極めればいいでしょうか。株式、債券、不動産……すべての資産の価格が暴落すると思いますが。

ロジャーズ　簡単に言えば、国民があきらめたときが買いのタイミングです。さまざまな資産が暴落すると、まずは国民が「どうにもならない」とあきらめはじめます。そして、その後にメディアが「これはもうあきらめるしかない」と発信しはじめます。すると、日本中にそこはかとない悲壮感が漂うでしょう。そのときが〝買い時〟となるはずです。

渡邉　国民が「まだ大丈夫じゃないか」と思っている間は買い時ではなく、あきらめたときがチャンスなのですね。

ロジャーズ　そうです。今、日本では株式や不動産が高騰しています。日銀がＥＴＦの買い入れを止めたとはいえ、そのチャンスはまだ訪れないでしょう。

救世主的なものに手を出してはいけない

ロジャーズ　私は少し前に日本株のＥＴＦをすべて売却しました。タイミングに関しては多少間違いを犯すこともあります。

私が日本株をまとめて買いはじめたのは東日本大震災の前後です。長い間保有した後の２０１８年、ようやく大きく上昇した際に手放しました。

日本の株式市場に関しては、みなさんもご存じのようにバブル崩壊後は長い間、下落が続いていました。２０１３年になってようやく上昇に転じ、現在では30年以上前の最高値を更新しています。日本の株式市場が復活した大きな理由は日銀がＥＴＦを買いはじめたことです。買い入れは2010年にはじまり、2013年4月には「量的・質的緩和」が導入され、日銀のETF保有残高を年間1兆円増やすことが決まりました。その後も買い入れ額は増加していきました。当時の日銀の黒田東彦《はるひこ》総裁が日本株のETFを買っていると聞いて、2020年に私も新たに日本株のETFを購入しましたが、2023年の秋にすべて売却しました。

今になって、もう少し長く日本株を保有してもよかったと気づきましたが、現在の水準で買うことはもうないでしょう。日本株はあと15～20％くらいは上がるかもしれませんが、今、飛び込んで買おうとは思いません。

こうした日本市場の変化は一時的なものであり、50年後の日本を救うような大きな変化ではありません。日銀がETFを買い続けたことで、30年間変化がなかった市場も、最終的には再び上昇しています。いったん動き出し、トレンドが変われば、それが何であれ株価は上昇するのが当たり前です。私が見る限り、4万円まで回復した後も、このまま上昇を続け、おそらく近い将来には、さらに史上最高値を更新することになるでしょう。

なぜなら、今、日本市場にはかつてないほど多くの資金が流入しているからです。2024年1月からスタートした新NISAによる新たな個人投資家たちの誕生、そして、日本の株式が他国よりもまだまだ安いと感じている外国人投資家たちによる積極的な投入があります。どうすれば儲かるかを十分に知っている投資家や証券ブローカーにとっては、この上昇トレンドは有利ですが、最高値を更新したからといって、かつてのように日本人の誰もがお金持ちになり、幸せになれるということはないでしょう。

日本市場に新たな資本が投資されることは、日本にとって一時的な助けになるかもしれません。しかし、それが日本の未来を救うことになるでしょうか。

いずれにせよ、バーで話されるような耳よりな儲け話や、救世主的なものに安易に手を出してはいけません。

渡邉　先日、私のラジオ番組※のリスナーから「財政破綻が起きたときに一獲千金を狙えないか」という欲の強い質問がきました。そこで、2013年に出版された橘　玲《あきら》さんの本にある「日本国債ベアファンド」を紹介しました。これは、国債が下落すると利益を生むように商品設計された金融商品です。橘さんは、「金利が一方的に上昇する局面では一種の〝宝くじ〟になる」と言っていますが、確かにそのとおりです。投資ではなく、投機に近い商品だと感じます。ただ、私は円建てではなく、ドル建ての日本国債ベアファンドでなければ、円が紙クズとなるハイパーインフレになったときには、真の資産を築くことはできないと考えています。

残念ながら、ドル建ての日本国債ベアファンドは、一般の人が簡単に買えるものは探しても見当たりません。やはり一獲千金を狙うより、財政破綻に備えて資産防衛に徹したほうがいいと考えています。

新NISAでの海外投資も正しい資産防衛法

渡邉　新NISAで新たに投資をする人は増えましたが、実は「つみたて投資枠」の80％近くは世界株やアメリカ株などへの海外投資が占めています。これが「円売り、ドル買い」で年間2兆円の円安圧力になると指摘する専門家もいます。この流れは実質的な日本からのキャピタルフライト（資本逃避）と言えます。

本来は、「貯蓄から投資へ」という政府の呼びかけの中で、日銀が保有する大量のETFの受け皿にすべきでした。しかし、国民は世界株、アメリカ株に投資しています。強い国、成長していく国に投資が集まるのは当然なのでしょう。

※ニッポン放送『渡邉美樹 5年後の夢を語ろう！』（毎週土曜日16時20分～16時50分）

日銀破綻への備えと考えれば、新NISAを使って国民が海外株を持つことは、正しい資産防衛法だと私は思います。

他人の意見より、自分の肌感覚で判断を

渡邉　今後、日本は非常に大きな財政破綻に陥ると思いますが、そのときに日本人はどうすればいいでしょうか。どんな心構えであきらめればいいのでしょうか。

ロジャーズ　もっとも重要なのは、自分自身が知識を持っているもの、理解しているものに投資しておくことです。他人に「これを買え」「あれがいい」と言われても、本当に買っていいのか、いつ買えばいいのか、判断ができません。自分でリサーチをしないと、結果的に痛い目に遭ってしまいます。

たとえば、私は今後、農業が重要な分野になると考えていますが、暑いところや寒いところが苦手、外で働くのが嫌な人は、農業をすべきではありません。しかし、農家になれなくても、農業に携わる人が生産するさまざまな商品に投資することはできます。その場

合でも自分でしっかり調査をしたうえで投資すべきなのです。

渡邉　私は外食産業にも携わっていますが、誰かが「この店は買う価値がない」と言っても、私は「違う」と思うことがあります。私にはその店の経営の内容が肌感覚としてわかるからです。やはり自分がわからないものへの投資はやめたほうがいいですね。

ロジャーズ　そのとおりです。自分で調べたもの、自分の肌感覚でわかるものでなければ、投資で成功はできません。

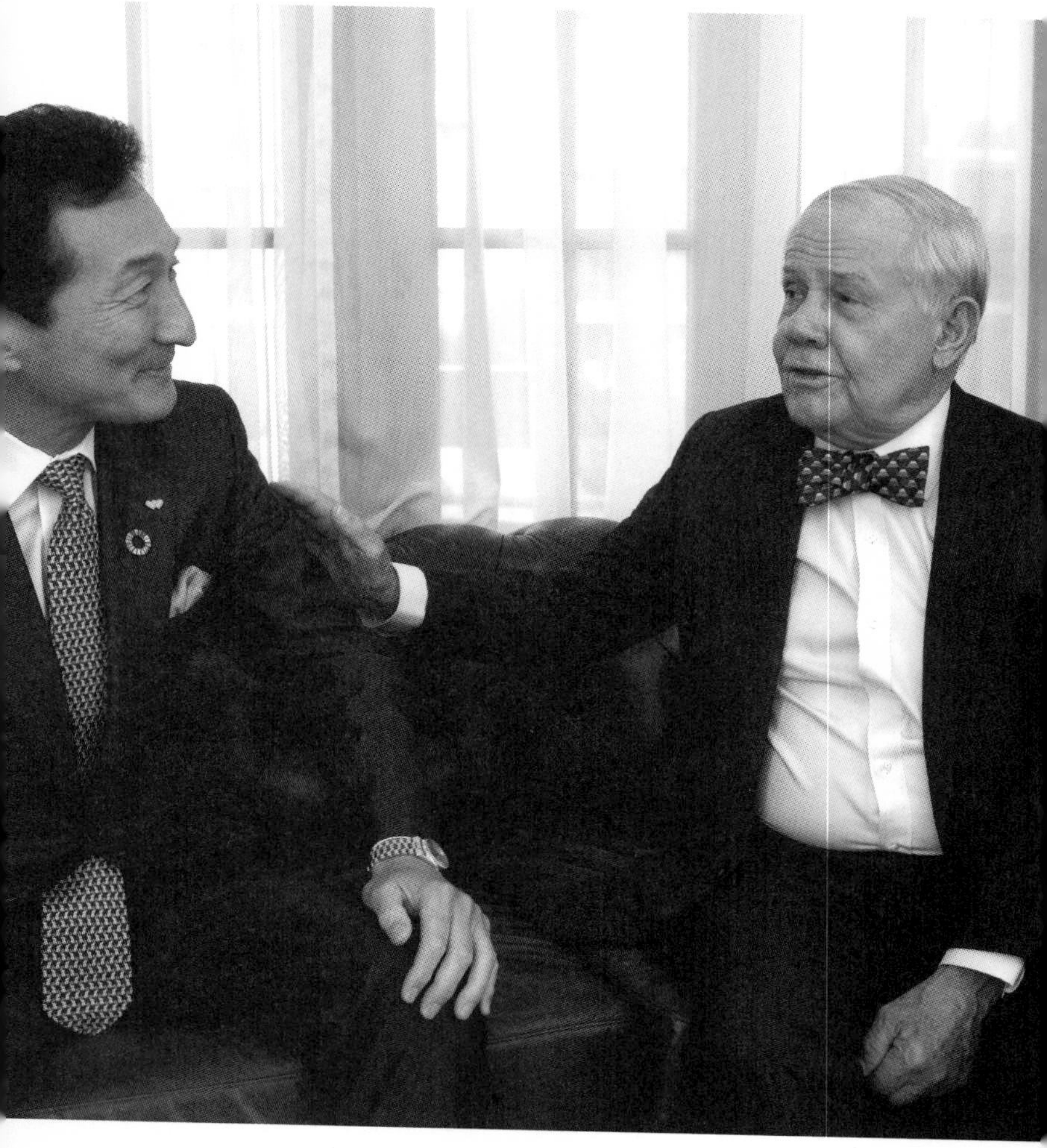

第3章

歴史と今に学ぶ、インフレとブロック経済の功罪

1970年代から続く、長期低金利について

ロジャーズ　世界各国の金利はリーマンショック以降、つい最近まで歴史的な低水準が続いてきました。さらに1970年代まで遡っても、金利は一貫して下落傾向をたどってきました。政治家や中銀は金利を低くすれば低くするほど、消費が増えて経済が潤うと考えています。低金利であれば、国民がお金を借りやすくなるからです。

つまり、政治家や中銀にとっては、金利を低くすることこそが、自分の仕事を存続させる唯一の手段だと思っているのです。

ですから、約40年の間、金利はどんどん低下する一方だったのですが、最近になってインフレになり、それを抑え込むために金利が上昇しはじめました。しかし、金利上昇によってこれまで何十年間もたまってきたツケが回りはじめています。

借金を増やし続けるということは、どこかで大きなツケを払わなければならないということです。もうまもなく、そのときがくるのではないかと、私は恐れています。

特に2008年以降は、日本、アメリカ、ヨーロッパのみならず、中国も多額の借金を抱えるようになっているので、次回のショックはこれまでに経験したことがないほど激し

いものになるのではないかと考えています。

渡邉　日本ではデフレが定着していましたので、マイナス金利は一つの政策としてやむを得なかったと私は考えています。

個人的にジムさんにお聞きしたいのですが、日本はデフレから脱却できなかった。そのため、マイナス金利政策に加えて、お金を大量に刷り続けました。その結果、今の日本は財政破綻に直面しているわけです。

今から10年前、15年前に金利をマイナス5％にするなど、思い切った金利政策をとっていれば、日本は今のような状況にはならなかったのではないかと思います。私は大きなマイナス金利に転換することが唯一のチャンスだったのではないかと思いますが、ジムさんはどう考えますか。

そしてもう一つ、近い将来に世界不況がくるとのことですが、それは世界のどんな範囲で、どのくらいの規模を想定していますか。第一次、第二次世界大戦の後のアメリカの不況規模なのか、２００８年のリーマンショック後の不況規模なのか、どの程度を考えていますか。

ロジャーズ　まず、マイナス5％の金利政策について、それを実行していれば短期的にインフレになったかもしれません。ただし、マイナス5％にするためには、大量のお金を印刷する必要があります。その結果、日本の財政破綻はもっと早く到来していたかもしれません。思い切ったマイナス金利政策を図っていれば、それに伴って短期的な痛みはありますし、もっと早くに痛みに襲われたかもしれませんが、今後、日本の国民が直面するであろう、より長く大きな痛みに比べれば、そう大したことはなかったでしょう。

インフレを放置する国に未来はない

ロジャーズ　もし私が政策を考える立場であれば、金利をコントロールしようとはしませんし、お金も印刷しません。どんな政治家や中銀の高官よりも、市場は賢いと私は考えているからです。金利やインフレは市場に任せるべきなのです。

また、政治家や政府は指標に関してウソをつきます。たとえば、「今は、インフレは存在しない」「インフレはとても低い状態」などと言います。しかし、国民からすれば、「あなたはどこで買い物をしているのですか？」と問いたくなります。

自動車の販売価格は上がっているのに、政府はそれを公表しません。スーパーマーケットに行くと、さまざまな商品の価格が上がっているにもかかわらず、政府が発表するデータにはそれが表れておらず、インフレ率が低く示されていることは以前からあります。最近になってようやく、国民がインフレを感じるようになって、日本政府も「インフレがある」と認めるようになってきました。

しかし、他国の中銀が政策金利の引き上げでインフレを抑えようとしているのに対し、日本政府は実質的にインフレを放置したままです。歴史上、インフレを放置して大成功を収めた国はありません。より生産的なことにお金をつぎ込み生き延びる道を選択するケースもありますが、それはあくまでも一時的なものであり、構造的な変化を起こさなければインフレは抑えられません。

〝フリーランチ〟を食べ続けることはできない

渡邉　私は日本のデフレ、そして不況を何とかするためには、個人の金融資産の活用が必要だと思っています。日本は個人にお金が集まっています。国にお金はありませんが、個人資産は膨大にあるのです。
その個人の資産を引き出すために、たとえば、預金の金利をマイナス3％にする。つまり、預金をしていると3％の手数料がかかるようにすれば、個人が預金を引き出して使うようになるのではないでしょうか。
個人の資産を表に出すことについてジムさんはどう考えますか。

ロジャーズ　短期的には効果が得られたとしても、人為的に何かを操作したツケは後に誰かに回ってしまいます。英語で「フリーランチは存在しない」という言葉がありますが、私が「和民」で毎日、無料のランチを食べたいと思っても、そんなことは不可能です。
もちろんマイナス金利によって国民が持っている預金を消費に回せば、経済は活性化しますが、長期的に見れば問題が出てきます。フリーランチは存在しないように、人為的な金利操作は、後に何らかのツケを回すことになります。

渡邉　ジムさんは地球規模で歴史観に基づいた判断をしていますが、やはり歴史的に見ると、人為的で無理のある政策はやめたほうがいいということですね。

政治家の景気回復策は、単なるマジックでしかない

ロジャーズ　２つ目の質問である、次回の経済危機の規模ですが、１９００年代を生き抜いた人々にとって、人生の中で経験した最大のショックは１９２９年のアメリカでの株価暴落に続く、１９３０年代の世界大恐慌です。そのときには相場が大クラッシュを起こし、アメリカでは多くの企業が破綻。その影響は世界中の資本主義社会を不況に陥れました。次回のショックはこれよりもさらに規模が大きくなると予測しています。

企業が破綻して失業者が増えると、不満が爆発します。その不満はどこに向けられるか。やはり国の外に向けられます。過去のショックでは、不満が外国人に向けられ第二次世界大戦が勃発しました。次回はそうならないことを願っています。

実際にショックが起きてから銃撃戦に発展するまでの間には、政治家がさまざまなマジックを使って、景気を回復させようとします。政治家はその場しのぎをしようとするわけですが、マジックは文字どおり見せかけだけであり、実際には何の効果もありません。MMT理論（46ページ参照）もマジックの一つと言っていいでしょう。

借金をコントロールできなくなったときが危ない

渡邉　日本は大きな借金を抱えているので、経済ショックが起きれば株安、債券安、失業者の急増、金利の暴騰などが起こり、最悪の事態に陥ると思います。

そこでもう一つお聞きしたいのですが、日本の債務はＧＤＰ比率で２５０％に達しています。対してアメリカや中国は経済危機が起きるほど、国の財政状態は悪くないと感じます。ジムさんはどう考えていますか。

ロジャーズ　借金は決して悪いものではありません。ただ、それがコントロールできなくなったときに問題となります。今、渡邉会長が言ったように日本の借金のＧＤＰ比率が２５０％で、他国は１００から１２０％ほどです。ただ、アメリカにしても１９７０年代のＧＤＰ比率は20％程度でした。それと比較すれば、借金は大きく増えていることになります。

日本に限らず、アメリカや中国でも負債がとにかく膨れ上がっています。それが懸念点の一つです。負債が膨大になりすぎると、どこかで負債の返済をはじめなければなりません。そのときに本当に返せるのか。その観点からすれば、日本のみならず、アメリカや中国も危機的状況にあるのではないかと思っています。

図表3　日本の普通国債残高推移

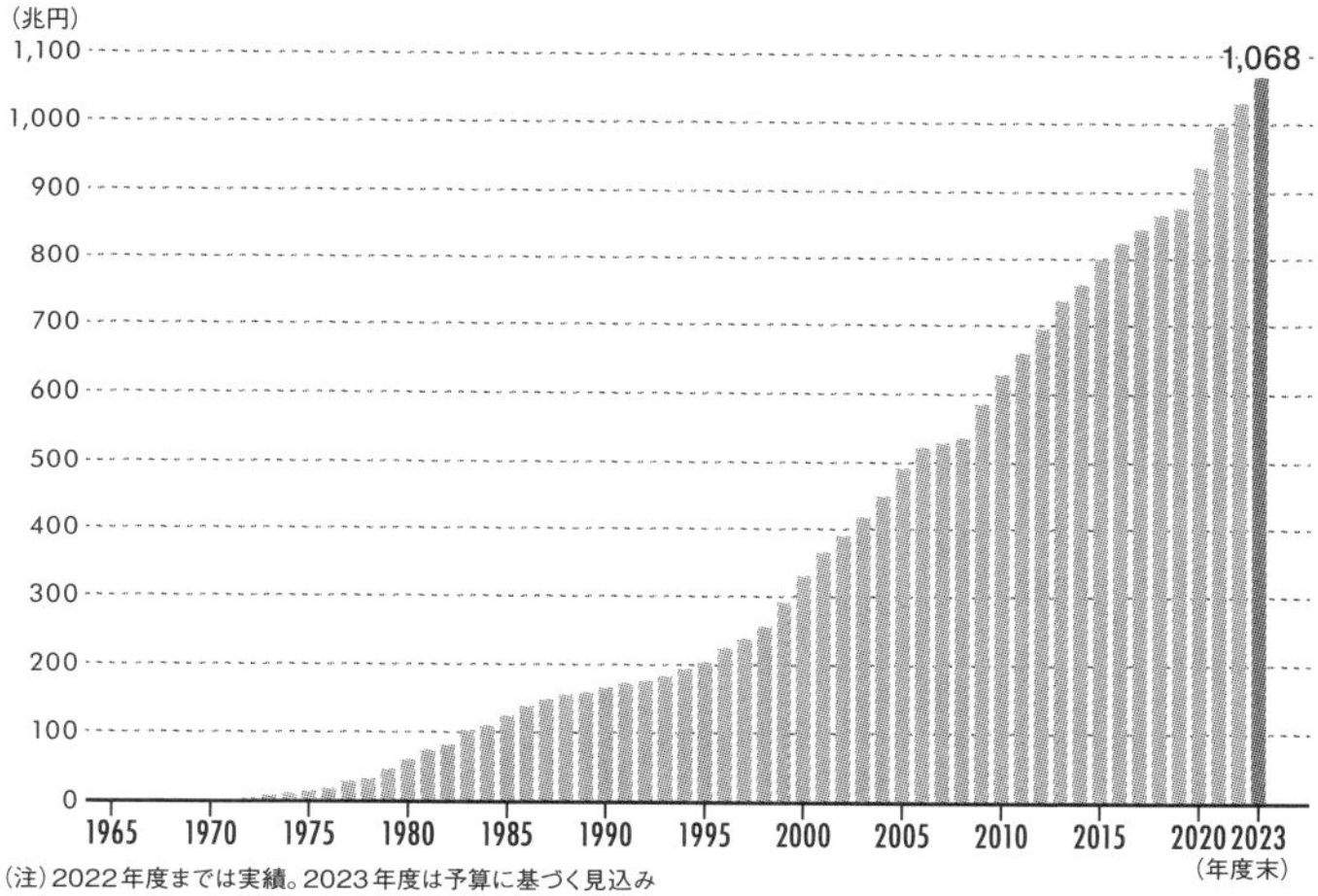

(注) 2022年度までは実績。2023年度は予算に基づく見込み

出所：財務省HP

２０２３年にアメリカの借金は８％増えましたが、問題はそのお金を何に使っているか、どうコントロールしているかです。それが「いい借金」と「悪い借金」の判断材料です。

借金が増えるペース、スピードを考えると、アメリカは借金のコントロールができていない状態だと、私は判断しています。

渡邉　日本のＧＤＰ比率２５０％超えは世界断トツであるうえ、第二次世界大戦後の国家財政破綻の水準に到達しています。岸田文雄首相が今すぐにすべきなのは、国民に国家のバランスシート、借金の数字を示し、財政再建の必要性を説明することだと思います。せめてＧＤＰ比

図表4　主な国の債務残高（対GDP比）

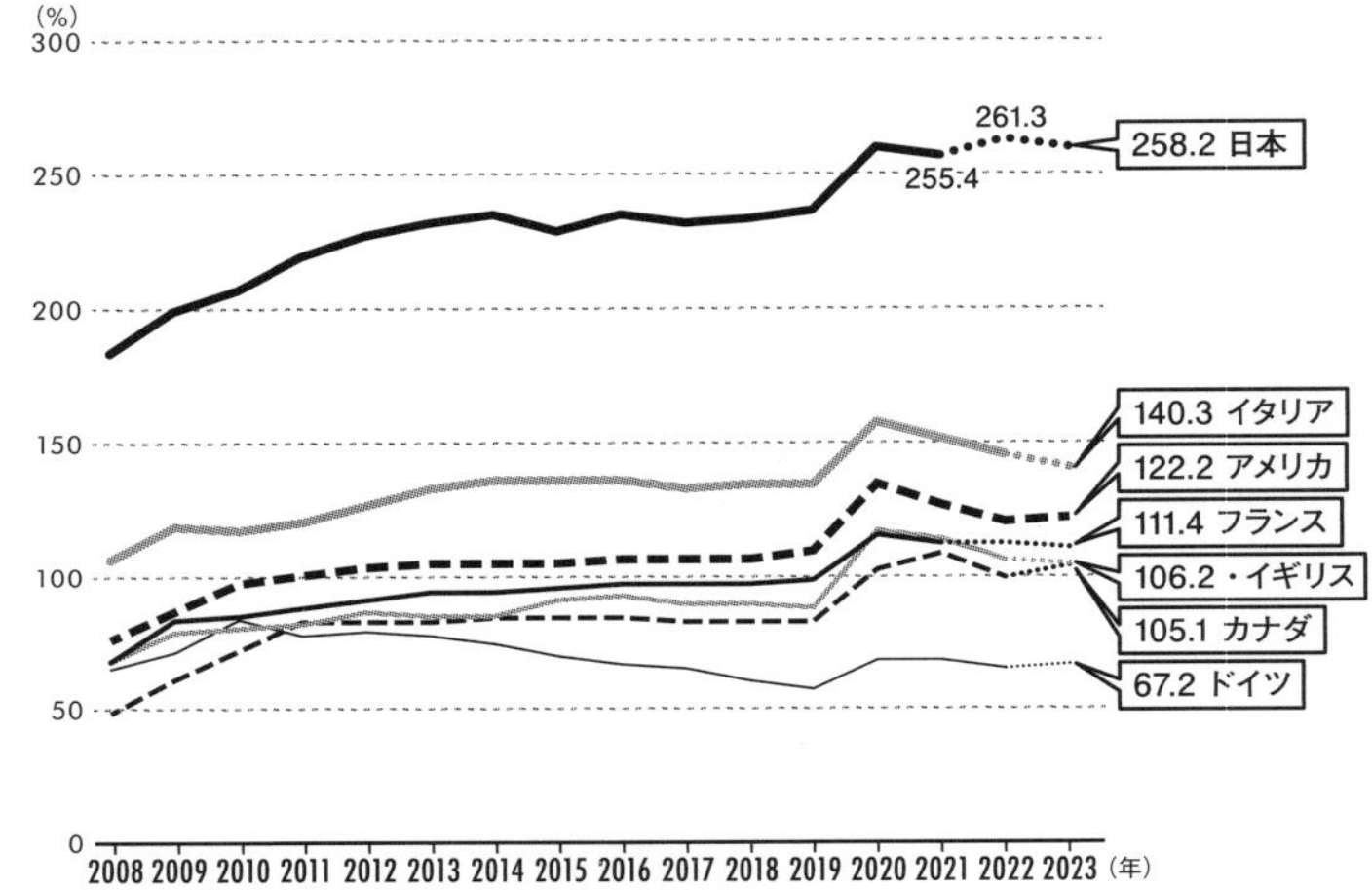

（注1）数値は一般政府（中央政府、地方政府、社会保障基金を合わせたもの）ベース
（注2）日本、アメリカ、フランスは、2022年、2023年が推計値。それ以外の国は2023年が推計値
https://www.mof.go.jp/zaisei/financial-situation/financial-situation-01.html

出典：財務省HP　出所：IMF「World Economic Outlook Databases」（2023年4月版）

率80%台をめざすべきではないでしょうか。

コロナ禍で若い経営者から借金返済の相談を受けた際「少しずつでも返済していく、信用が何よりも重要」と伝えました。「信用は未来」です。今の日本には、借金を減らしていこうという姿勢が見られません。日本という国の信用がなくなったら円は終わってしまうと思います。

インフレは革命や戦争の原因を生む

ロジャーズ　たとえば、イギリスは1920年代に世界でもっとも栄えていた国

図表5　世界の政府総債務残高（対GDP比）ランキング／1～50位

順位	国　名	債務残高率（%）	前年比	順位	国　名	債務残高率（%）	前年比
1	レバノン	283.20	−	26	シエラレオネ	95.78	+24
2	日本	260.08	−	27	モザンビーク	95.52	-4
3	スーダン	186.25	+2	28	ヨルダン	94.09	+3
4	ギリシャ	178.11	−	29	コンゴ共和国	92.50	-2
5	シンガポール	167.50	+2	30	ガーナ	92.38	+21
6	ベネズエラ	159.47	-3	31	フィジー	91.05	+8
7	イタリア	144.41	-1	32	バハマ	88.85	-6
8	ラオス	128.51	+22	33	エジプト	88.53	+1
9	ブータン	127.33	+1	34	セントビンセント・グレナディーン	87.93	-1
10	カーボヴェルデ	127.25	-2	35	キプロス	86.52	-10
11	バルバドス	122.51	-2	36	アンティグア・バーブーダ	86.24	-8
12	アメリカ	121.31	−	37	ブラジル	85.33	-5
13	スリナム	120.08	+2	38	アルゼンチン	84.69	+7
14	バーレーン	117.58	-3	39	モーリシャス	83.09	-4
15	スリランカ	115.54	+9	40	ガンビア	82.84	−
16	モルディブ	114.37	-2	41	インド	81.02	-3
17	ポルトガル	113.94	-4	42	ギニアビサウ	80.35	+10
18	フランス	111.80	−	43	ボリビア	80.01	−
19	スペイン	111.60	-3	44	チュニジア	79.78	+4
20	カナダ	107.38	-3	45	オーストリア	78.48	-3
21	ベルギー	105.13	-1	46	ウクライナ	78.45	+79
22	イギリス	101.86	−	47	サントメ・プリンシペ	77.69	+7
23	ドミニカ	98.53	-2	48	ジャマイカ	77.09	-19
24	ザンビア	98.49	-5	49	中国	76.98	+14
25	ジンバブエ	98.45	+66	50	サンマリノ	76.69	-6

（注）網掛け＝G7メンバー国　（参考）ドイツ／71位＝66.11%、韓国／99位＝53.80%

出典：IMF「World Economic Outlook Databases」（2023年10月版）

でした。それからたった30年後の１９５０年代には、ＩＭＦ（国際通貨基金）が救済をしなければならないほどの状態になり、莫大な借金を抱えることになりました。

しかし、１９７０年に北海油田を発見したことで、借金がほぼ帳消しになったのですが、その後は、再び借金をし続けなければならない状況になっています。今後、何らかの経済危機や不況が起きたときには他国と同様に、イギリスも再び大きな問題に直面するのではないかと思います。

つまり、どの国も借金をしたがり、そしてその借金をコントロールできていないのが現状なのです。歴史の中でインフレは革命や戦争の原因を生んできました。次も同じ状況になるでしょう。

すでに各国の政治家や中銀は「インフレはコントロールできている」と勘違いし、まだ数年は高止まりが続くと考えています。さまざまな国が、もっともっとお金を刷り続けるでしょう。そのため、インフレが高まり、世界中でさらなる怒りが生まれ、革命や戦争の原因を生み出すはずです。

その〝怒り〟が経済に何をもたらすのか、私には予測できません。仮に不況が２０２４年に訪れ、インフレが長引けば、とてつもなく大変な状況に陥るでしょう。そんなときには、価格を市場に委ねたほうがいいのですが、政治家や中銀は余計なことをしてしまうものです。その場しのぎの利下げをしたり、お金を刷り続けたりします。

こうした政策をとるのを市場はお見通しですから、利下げはまったく効果がありません。日銀がお金を刷り続けることで、さらに借金が膨れ上がり、さまざまな金融資産は暴落してしまいます。

その意味で次の経済危機は、今までとはまったく違う、より痛みの大きいものになるでしょう。価格は市場に委ね、破綻すべき企業は破綻して、なくなってしまったほうがいいのです。そして、破綻した企業の資産は、ほかの人や企業が買い受けて、一からやり直すべきです。

しかし現実には、政治家や中銀がそんな破綻してもいいような企業を救済しようとするので、うまくいきません。彼らは「われわれが解決策を持っている」と言って、とにかくお金を刷り続けるでしょう。

日本については、人口が13年連続で減少していることが、問題の本質です。人口減少により経済が低迷しているのです。にもかかわらず、政治家は日本の不景気の原因を外国人に転嫁します。その結果、貿易戦争が勃発するのですが、貿易戦争に勝者は存在しません。みんなが敗者になる中で、問題がさらに大きくなっていきます。

成功と破綻は常に隣り合わせにある

渡邉　ジムさんのお話を聞いて、あらためて中国やアメリカと同様に日本も非常に国家財政の破綻リスクが高いことを確信しました。加えて、最近のブロック経済とインフレ状態に関しては、すでに第三次世界大戦が起きた状況と非常に似ていると感じます。

ロシア・ウクライナ戦争を発端として、イラン、イスラエル、台湾、北朝鮮へと広がり、第三次世界大戦に発展するのではないでしょうか。そして大不況がくるのではないかと考えると非常に心配です。

気になるのは、１９３０年代の大恐慌のときには、どんな人が生き残ったかです。どうすれば、一般の国民は、被害を最小限に抑えることができるのでしょうか。危機の前に行動を起こすことで、最悪の状態を回避することは可能でしょうか。私たちに何か希望はありますか。

ロジャーズ　もちろん１９３０年代には成功した人もいれば、破綻した人もいます。ただ、成功した人も、成功し続けることはできず、成功した後に破綻したケースも少なくありません。ですから、常に気を引き締めていかなければいけません。

たとえば、当時、フランスに住んでいたある人が「ヨーロッパは破綻に向かっている」と考え、1938年にガダルカナル島に移住しました。彼はヨーロッパの世界大戦を避けることができましたが、その後、ガダルカナル島は激戦地となり、多くの人が命を落としました。彼も同じです。一つの問題を回避できたとしても、それで安全ではありません。常に破綻と隣り合わせになる可能性があります。

ブロック経済は何をもたらすのか

ロジャーズ　今、世界ではブロック経済化が進んでいますが、これは今後も続くと考えています。歴史的に見ると、ブロック経済になると戦争が起こりやすくなります。この状況を考えても、今後は世界各地で戦争が起こっていくでしょう。さまざまな面で世界は悪い方向に向かっていますから、注意しなければなりません。

渡邉　以前は「簡単にはブロック経済にならないだろう」といわれていました。地球規模で経済的なつながりがあるので、ブロックにはなり得ないと考えられていたわけですね。しかし、ロシアを見ても、ウクライナ侵攻で各国から多くの制裁を受けているものの、経済は成り立っています。自分たちの経済圏の中で立ち直っているように見えます。今後、世界がさらに分断されたとしても、さまざまな形でその分断を乗り越えることができるかもしれません。

ただ、ブロック経済は政治主導でどんどん進めていくことができてしまう。だから危険であると、最近では考えています。

たとえば中国はさまざまな問題を抱えています。実際に日本でもアメリカでも、中国依存から脱却するために、自国で半導体をつくりはじめています。

ロジャーズ　ブロック経済によって国同士の溝が深まっていく中で、小さな誤解が生まれ、それが大きくなって戦争の引き金になる可能性があります。大きい戦争がはじまってしまえば、戦争から抜け出すことはとても難しいでしょう。

最初は戦争に意欲的だった人たちも、いずれは戦争に対して否定的になります。それでも戦争からは簡単には抜け出せません。戦争は、いとも簡単にはじまってしまうものなのです。ブロック経済はその引き金になる可能性があるという意味で、とても危険です。

第4章

日本への警告と未来への提言

日本破綻への第一歩は国債格下げが引き金か

渡邉　日本の多くの人が国債の格付けを気にしています。現在の格付けは、実態よりも高い。格下げがきっかけになって、日本の経済破綻がはじまるのではないかと心配しているのです。ジムさんは、円の暴落、日本の金利の高騰など、破綻危機の引き金になり得ることについて、どう想定していますか。

ロジャーズ　格付け機関でさまざまな国や企業の債券の格付けを担当している人の多くは、20代で大学を出たばかりの人たちです。渡邉会長ほど金融の知識を持っているわけではありません。ですから、ニューヨークにいる30代前半か20代後半の格付け機関の社員が「アメリカの国債はＡＡＡです」と言っても、ほとんどの人は信用しません。

アメリカの借金の額は毎年積み上がり、ＧＤＰに対する負債の比率は増える一方です。今は格付けを見て、何かを判断する人はほとんどいないでしょう。

同じように日本に住んでいる東大卒の30代の日本人が「日本国債の格付けはＡＡです」と言ったところで、誰も信じません。市場や投資家は、格付け機関や政府の関係者より、もっと詳しいのです。なので、格下げによって信頼が失われることはなく、小さい銀行、小さい機関、小さい企業の破綻が、次の危機のきっかけになります。その後に少し大きな金融機関や企業が破綻し、それが雪だるま式に、さらに大きな金融機関や企業の破綻につながります。あるいは小さな国の破綻につながるかもしれません。

多くの人が危機に気づいたときには、すでに大暴落

ロジャーズ　小さい金融機関や企業が破綻しても、あまり気にする人はいないかもしれません。2008年のリーマンショックと同様に、大きな金融機関や企業が破綻すれば、ほとんどの人が危機に気づくことになります。リーマン・ブラザーズは150年以上もの歴史があった大手投資銀行です。そんな大きな企業が破綻したことで、多くの人がはじめて「これは大変な危機だ」とわかったのです。

リーマン・ブラザーズの格付けは、破綻前でも「AAA」でした。この格付けは、人々に安心感を与えていました。そのため、多くの人が破綻するまで気づくことができなかったのです。

実際にリーマン・ブラザーズが破綻する数カ月前から、アメリカではいくつもの小さい銀行が破綻していました。しかし、そんなニュースは、大々的には取り上げられませんでした。リーマン・ブラザーズが破綻したときに、ようやく多くの報道機関が取り上げ、世界中の人が危機に気づくことになりました。

しかし、そのときは「時すでに遅し」。みんなに知れ渡るときには、すでに大暴落がはじまっているからです。

日銀と金利コントロール

渡邉　2023年、日銀は従来0・25%だった長期金利の上限を、0・5%をめどとして引き上げ、そこから3カ月も経たない10月に、「1%をめどにコントロールしていく」と発表しました。長期金利が日銀の想定を上回るペースで上昇してきたためです。

私が国会議員を務めた経験から感じるのは、これ以上金利が上がると、日銀は債務超過状態に陥ることです。そのため、金利を上げたくてもこれ以上は上げられません。

ジムさんは、日銀が債務超過に陥ることは円の暴落につながると見ていますか。それとも、どの国の中央銀行でもよくあることなのでしょうか。日銀の財務状況についてどう見ているか教えてください。

ロジャーズ　日銀に関してはまったく同感です。だから私は、世界各国で中銀を廃止すべきだと思っています。そして今のような時期は、アメリカの中銀も無能そのもの。現在、彼らは金利のコントロールはできていますが、いずれ市場が金利をコントロールするようになります。

市場が中銀の言うことを聞かなくなり、中銀のクレビリティ（信頼性）が失われれば、市場が金利をコントロールしはじめ、金利がとてつもなく上昇する懸念があります。

市場が金利をコントロールするようになったのは、１９７０年代のアメリカからです。１９７０年代の後半にアメリカの短期国債の利回りは21％まで上昇しました。

当時はインフレ率が高く、中銀は利上げしていました。にもかかわらず、インフレの目を摘むことはできませんでした。インフレ率がどんどん高くなって、最終的には市場が金利のコントロールをしはじめたのです。その結果、短期国債の利回りが21％まで上がりました。

日本でも１９６６年に市場が金利コントロールをはじめました。そのとき、多くの資産運用会社が破綻しています。誰も政府の言うことは聞かなくなり、さまざまな企業が破綻寸前まで追い込まれて、政府に救済される形になりました。

今では信じられませんが、同じようなことが遠からず起きてしまう可能性があるのです。

渡邉　私は、「短期金利は中銀がコントロールし、長期金利は市場がコントロールする」と学びました。なぜ、短期金利を中銀がコントロールできなくなるのでしょうか。

ロジャーズ　マクロ経済の教科書を読むと、「短期金利は中銀、長期金利は市場がコントロールしている」と書かれています。

日銀はイールドカーブコントロールを撤廃するといっても、月額6兆円もの長期国債を買うとしています。大量のお金を印刷して巨額な国債を買い続けるのです。これを市場が信用しなくなったとき、つまり、日銀が買い切れないほどに国債が売られた場合、日銀は金利をコントロールすることができなくなります。

短期金利は中銀がレポ取引※や準備預金を操作することでコントロールしているのですが、それを上回る売りが市場から出てくれば、日銀はもちろん、アメリカの中銀もコントロール不能になります。これがまさしく「コントロールを失う」という意味です。パニックがパニックを誘発し、さらにコントロールできない水準まで金利が上昇します。そのとき何が起こるか。借金をしている人たちが返済能力を失い、破綻します。

どこかの企業が破綻すれば、それがほかの企業の破綻につながり、雪だるま式に大きくなっていきます。市場が中銀に対する信頼性を失っていくほどに、パニックはさらに加速していくのです。

過去に大きな危機があったとき、当時、世界でもっとも裕福だったジョン＝デイビソン・ロックフェラーがニューヨーク証券取引所に入り、「みなさんの下がった株を買います」と言いました。その後、ほんの少しの間、株価は反発したのですが、再び下がりました。「買ってくれるなら全部売ります」と、誰もが売りに走ったのです。そのため、数年にわたってアメリカの株式市場は90％下落しました。

ですから市場が相場をコントロールするのはとても危険なのです。

その後、1932年にはヨーロッパの中でもトップクラスの金融都市であるオーストリアで、最大の銀行が破綻しました。

そのときに政府はオーストリアの二大銀行を合併させましたが、時すでに遅し。市場が相場をコントロールしてしまった結果、合併してできた銀行さえも破綻してしまったのです。

※レポ取引：現金担保付きの債権貸借取引を指し、資金と債権を一定期間交換する取引のこと

そのように、政府が信頼性をなくす、そして市場が相場をコントロールしはじめると、非常に悲惨な結末が待ち受けているのです。

世界経済危機の震源は、日本地銀の破綻か？

渡邉　日本の金利は少しずつ上がっていますが、実は非常に大きな財政的ダメージを受けています。２０２３年9月時点での中銀が保有する国債の評価損は、過去最大の10・5兆円にも膨らんでいます。今後、金利がさらに上昇すれば評価損はさらに膨らんでいきます。メガバンクは金利上昇への備えを講じていたため、金利が上昇しても比較的影響は少なく、過去最高益を更新しました。しかし、主に国債で運用する地銀にとっては金利上昇による影響が大きくなります。

地銀97行の債権含み損は２０２３年9月時点で約２・８兆円。３月時点から半年で約60％も上昇しています。金利が２％程度まで上がり、より国債の市場価格が下がった場合、地銀の中には格下げされるところが出てくるでしょう。それが経済危機へのサインではな

図表6　逆ザヤによる日銀の累積損失額と自己資本比較

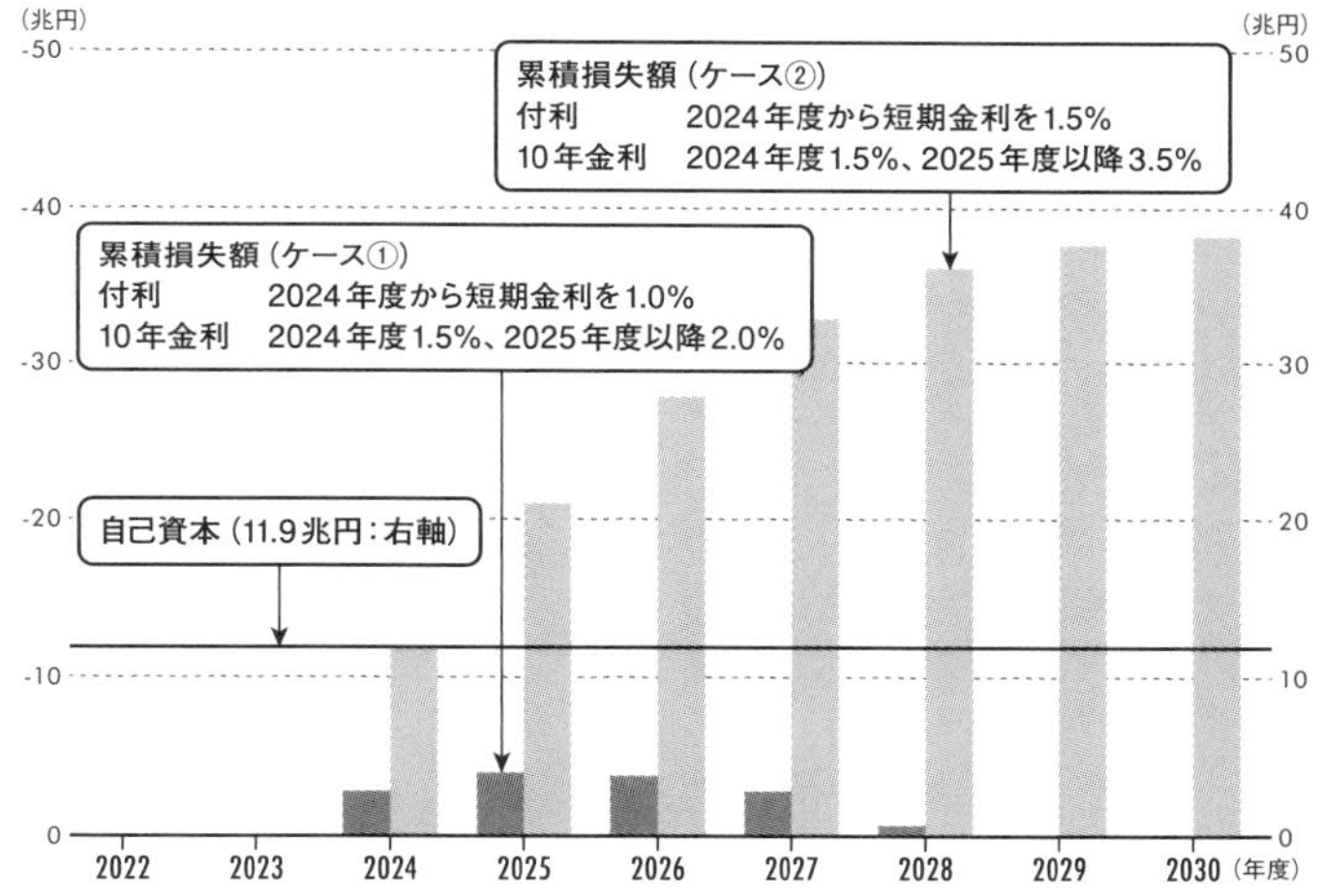

出典：楽天証券経済研究所　出所：日本銀行、楽天証券経済研究所を元に編集部作成

いか、中銀の信用が失われるときではないかと私は考えています。利上げが経済危機のリスクを高めることは間違いないと思います。

ロジャーズ　もし日本の地銀破綻が震源地となって、日銀に対する信頼性の低下、あるいは日本の経済ショックにつながった場合、世界中がその余波を受けるでしょう。

日本は世界でも非常に重要なマーケットの一つですから、日本で大きなショックがあれば、世界的な経済危機につながります。そしていたるところでさまざまな企業が破綻するでしょう。そのとき、私は生き延びることができたらいいなと思っています。

渡邉　ある経済研究所によると、日銀は金利1％で赤字に、2・5％になると債務超過に陥るとされています。日銀の政策次第で円安はさらに加速し、ハイパーインフレを招くことは明らかです。

現在の日本が抱えている借金の増え方は、戦前・戦中と酷似しており、対GDP比の債務残高は、終戦時の200％と同水準に達しています。敗戦後は、強烈なハイパーインフレが国民を苦しめました。

日銀の異次元緩和は〝奇襲〟として短期間でやめ、成長戦略に本気で取り組むべきでした。いずれにしろ、日銀がお金を刷り続ければ、円の価値は薄まるという原理原則のとおり、今後、円安・インフレは避けられません。そして、このままでは日本は破綻を免れないと思います。

中国は世界の覇権を握るのか

渡邉　実は、私の会社は2024年、中国に再進出をしたいと考え準備をしているところです。先日も中国の大手企業の副社長と話をしました。そのときに、中国経済そのものが非常に弱いと聞いたのです。コロナショック以降、そして、最近の不動産バブルの崩壊から非常に弱くなり、上海の景色も変わってしまったと言っていました。加えて香港は、中国の影響を受けていますし、消費の中心層が高齢者に移っているため、消費が弱くなっているそうです。

中国の経営者曰く、「もう以前の中国とは違う。5年前、6年前の中国とは大きく変わってしまった。それを前提に中国への進出戦略を練っていかなければならない」と。

ジムさんは中国経済について、今後をどう見ていますか。

ロジャーズ　まず大前提として、中国以外に21世紀に覇権を握る国は考えられません。20世紀にアメリカが覇権を握ったときも、さまざまな大不況や大企業の破綻がありました。そう考えると、今の中国の景気減速や企業の破綻も、覇権を握るための単なるステップだと見ています。

これは歴史上、たびたび起きていることです。イギリスが覇権を握るときも同様に企業の破綻や不況がありました。中国で起きていることは短期的なものであって、いずれは覇権を握ることになるでしょう。

中国は歴史上、何度も世界の頂点に立っている唯一の国です。かつて私は、車で三度も中国を横断する旅をしました。私自身の目で見て、肌で感じたのが中国の変化と成長です。もう何十年も前に中国の成長を確信しています。

日本も20世紀の後半に大きな成功を収めたのですが、1966年には金融セクターが破綻しています。その後は、日本も成功しました。今後も中国ではさまざまな破綻が起こると思いますが、しっかり反発できるだろうと思います。

渡邉　そのときには、人民元がドルに代わって世界の基軸通貨となると考えていますか。中国が21世紀に覇権を握ったときの人民元の位置付けはどうなるのでしょうか。

ロジャーズ　中国が覇権を握ることになれば、当然、人民元が基軸通貨になるでしょう。ただ、人民元は、現段階ではドルやユーロのように簡単に電子取引することはできません。いずれは基軸通貨になるとは思いますが、その時期はまだまだ先だろうと考えます。私自身も人民元を少し保有していますが、オープンに取引されるようにならなければ、基軸通貨になるチャンスはありません。

中国株は投資に有効なのか

ロジャーズ　中国経済は新型コロナウイルスの大流行により大きな影響を受けています。不動産業界ではバブルがはじけました。そして、中国の株価は下がっています。中国は今とても苦しんでいますが、投資家の立場からすれば、安値で買えるのはチャンスです。一般的に株価が下がっているときに買うのはいいことですから。

歴史的に見ても、株価が下がったときは、産業や企業、あるいは国に投資するには、いい時期であることが多いのです。そう考えるなら、今、中国に投資するのには、いい時期かもしれません。

私自身は市場のタイミングを計るのは苦手ですが、バブル崩壊による市場の絶望感は感じられます。そして、そうした反応が底打ちのサインになることが多いのです。底を打ちはじめると、しばらくの間、底を伝って、そこから一気に跳ね返ったりします。だからといって今、中国への投資を楽観視する人はいないでしょう。

問題は中国がいつ復活するかです。不動産バブルが崩壊し、「デフレスパイラルが日本のように30年続くか」と聞かれれば「それはないかもしれない」と答えます。では、15年で復活するのか。それはわかりません。大きなバブルが破裂したのですから、戻るまでにはそれなりの時間がかかります。

中国の不動産バブルは、私たちがこれまで見てきた中でもっとも大きなバブルでした。

だからこそ、リカバリーまでには時間がかかるのです。ただ、いつかは復活するでしょう。それを前提にすれば、安いときは買い時と言えます。

ただ、私の言うことを鵜呑みにして投資することはおすすめできません。私は多くの間違いを犯しますから。世界中に残っている、数少ない投資すべき場所の一つが中国であるだけなのです。

読者のみなさんが中国のことを何も知らないなら、中国株は買うべきではありません。自分が何に投資すべきか判断できない限り、投資してはいけません。

渡邉　私の会社は香港に拠点を置いて、アジア展開を考えています。しかし、今の状況を見ると、アジアの拠点をシンガポールに移転したほうがよいかもしれないとも思っています。ジムさんの話を聞いて、中国が21世紀の覇権国になるのであれば、香港のままのほうがいい気もします。今、この瞬間にも迷いが生じています。

ロジャーズ　最終的には渡邉会長がご自身で決めるしかありません。

私自身はシンガポールに住んでいます。その理由はシンガポールにはさまざまな利点があることです。特に、金融面では税制など多くの利点があります。もちろん、中国でビジネスを展開するのであれば、香港を含めた中国の大都市に拠点を置くのもいいと思いますが、私は個人的にシンガポールが好きです。好きだから住んでいます。

よく「引っ越しをしないのか」と聞かれることがありますが、私の子どもたちは中国語が話せるので、中国語が通じる環境で暮らしたいと思っています。東京も好きですが、日本語は話せないので日本に引っ越すことはないでしょう。渡邉会長のビジネス展開の目標がアジアにあるのであれば、香港はもちろんシンガポールにも利点はあるでしょう。

勤勉で優秀な中国人。本質は〝資本主義者〟

ロジャーズ　一般的に中国人は、共産主義思想だと思われていますが、私の考えは違います。中国人ほど、優秀な資本主義者はいないのです。彼らには脈々と築かれてきた起業家精神があります。表向きは共産主義を装っていても、実にうまく資本主義を取り入れています。世界中に散らばった華僑たちを見てもわかるでしょう。彼らは見事に経済的成功を収めています。

渡邉　一概には言えませんが、中国の人々は本当にハングリーだと感じます。先日ワタミは、シンガポールの食品卸大手「リーダーフード社」のM&Aをしました。オーナー社長は、中国の農村からシンガポールに渡り一代で事業を成功させた華僑。卸先の大半は華僑の飲食店です。株式の一部継続保有と社長を続投してもらう友好的M&Aです。華僑のネットワークの強さ、そして商売をする際には「仲間になれるかどうか」といった信頼関係がとても重要に感じます。組めると思えば〝信〟を取り、ダメだと思ったら〝お金〟を取る。だからこそ、信用されればとてもいい関係がつくれると感じています。

ロジャーズ　かつて中国は規制が厳しく、ビジネスには向かないといわれた時代もありました。中国人は勤勉であり優秀です。かつての日本がそうであったように、勤勉な国民を抱える国が成長しないわけがありません。

しかし、覇権国家は近隣国を支配するということも忘れてはいけません。

言うまでもなく、中国は日本の近隣国です。中国の成長は、今まで以上に日本に影響を及ぼすことになります。今すぐ逃げ出す必要はありませんが、覇権国家による支配は、歴史による事実として認識しておいたほうがよいでしょう。

ハイパーインフレは、投資のチャンス

図表7　日本のインフレ率の推移

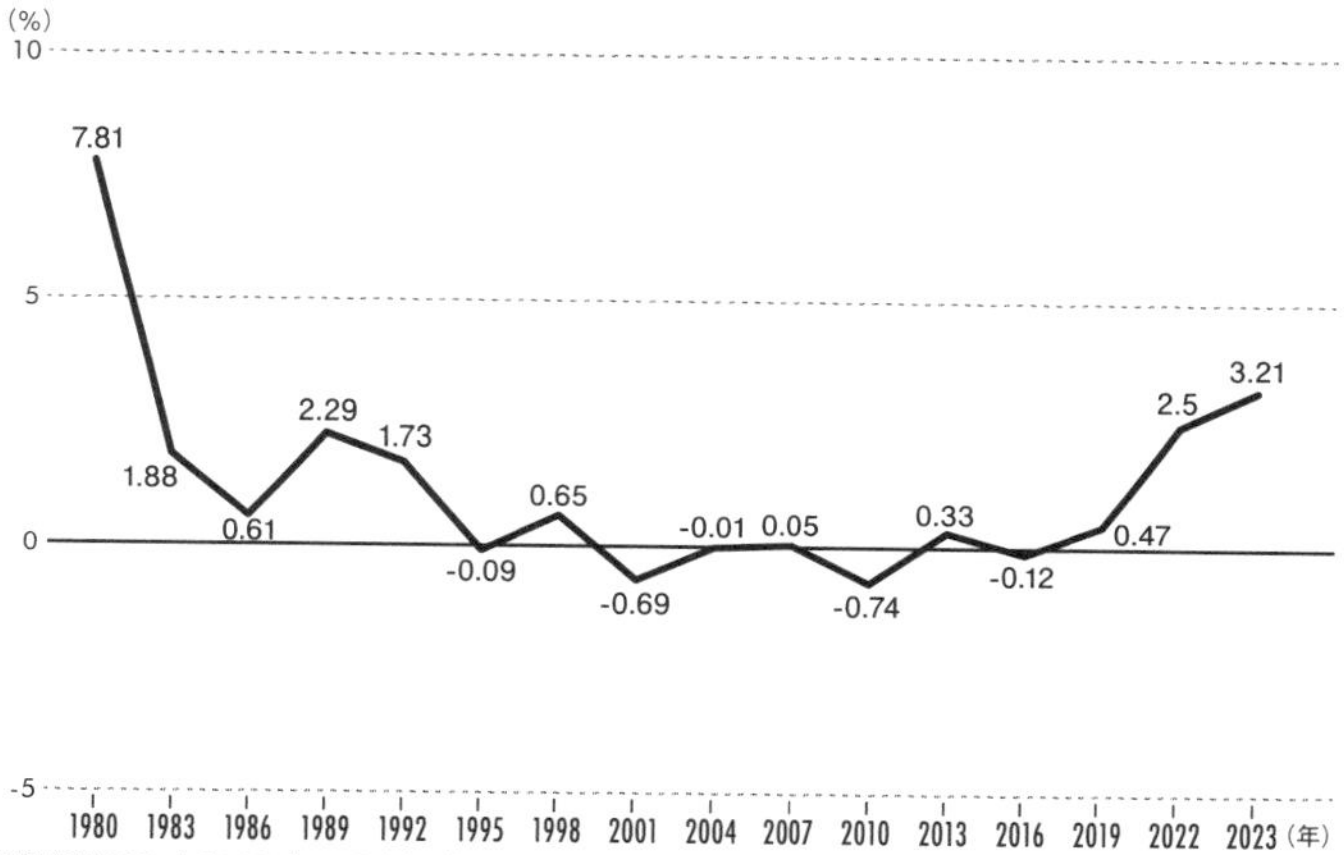

※数値はIMFによる2023年10月時点の推計
※年平均値

出典：IMF「World Economic Outlook Databases」(2023年10月)

渡邉　アルゼンチンではハイパーインフレが起きています。おそらく日本でも起きると私は想定しています。

　アルゼンチンは、ＯＥＣＤ（経済協力開発機構）の加盟国であり、先進国と位置づけられるときもあります。しかし、過去８回もデフォルトを経験している国であり、その財政と経済は決して安定していません。２０２３年に、インフレ率は２１１％まで跳ね上がり、為替価値は50％も下落しているのです。

　仮に日本にハイパーインフレが起きた場合、その後始末として、私の友人は、「日銀がなくなって新日銀が生まれる」と言っています。そして円がなくなり、別の通貨が生まれると。そうしなければハイパーインフレが抑えられないと言うのです。

ハイパーインフレが起きた場合の対処法として、国民は何をすべきでしょうか。

ロジャーズ　歴史的に見ると、ハイパーインフレが起きたときには、新しい通貨が発行されます。たとえば日本がハイパーインフレになったときに、政府が円を配っても「こんな紙クズはいりません」「新しい通貨をください」と国民が言うからです。

ですから、仮に日本でハイパーインフレが起きれば、渡邉会長が言うように新しい通貨がつくられるかもしれません。

一方でそのときには投資機会が生まれます。パニックの後には必ず機会が訪れますので、投資するには絶好のチャンスになるはずです。そのときには、できる限りさまざまな対象に投資すべきです。

渡邉　さまざまな対象とは、具体的にどんなものでしょうか。

ロジャーズ　それは渡邉会長のほうが詳しいでしょう。不動産かもしれませんし、企業かもしれません。株式、債券、あるいは農業かもしれません。そのときが訪れたら、自分がその分野を理解できるものを買うのがいいでしょう。

インフレによる物価上昇で恩恵を受けるのは、鉱業や農業だと私は考えています。

以前、私の本の読者の日本人で農家に転身した人がいました。彼は私の著書を読んで、将来インフレがやってくると考えて脱サラしたそうです。世界的にも農業に関心を持つ人は少ない傾向にあります。しかし、ロボットやＡＩなどの最新テクノロジーを活用して、農業にイノベーションを起こせば、日本のビジネスチャンスは広がります。農業で裕福になる人が増えたときに、やっと若い人たちも農業に関心を持つようになるでしょう。
私自身、ニュージーランドをはじめ、農業の盛んな国は、投資対象としてとても魅力を感じています。

渡邉　大きな時代の流れを読めば、農業、特に有機農業が求められるのは間違いありません。ワタミでは20年以上、有機農業事業を続けています。実は、これまで一度も黒字化していませんが、農地は年々拡大しています。これから人類は環境・エネルギー・食糧問題に確実に向き合っていかなければなりません。今後はそういった産業にもっと注目していくべきでしょう。
ハイパーインフレになったときでも、実体経済に即している、かつ財務体質がしっかりした企業や業種は生き残れるでしょうが、借金比率が多い企業は淘汰されていくのではと思っています。そういう企業の見極めも重要だと感じています。

破綻後は、国民が損をし、政府が得をする

渡邉　もう一つ、別の視点から考えてみたいと思います。日本の国民がどんなにお金を持っていたとしても、日本の問題は政府と日銀との財政問題です。そう考えると、最終的にはハイパーインフレになって、国民のお金はその補塡に充てられることになります。だからといって、「国民がお金を持っているから破綻しない」とはなりません。破綻した後に、日本国民のお金はそこに充当されてしまう。

つまり日本は、お金を借りている人が得をする社会、仕組みになっていると思います。日本の国民がお金を持っているからといっても破綻は避けられず、破綻後の処理では、日本国民が犠牲になってしまいます。

ロジャーズ　私も同じように考えています。それがまさしく経済破綻の道筋です。〝誰かが損をして、誰かが得をする〟。この場合は、資産を持っている日本の国民が損をして、借金を持っている日本の政府が得をします。

アメリカの大不況の際、富を得た人がほんの一握りですが、いました。しかし、国民の大半は大きなダメージを受けました。また、１９２３年にはドイツの通貨、ドイツの株式

市場は大暴落しました。このときにも正しい資産を持っていた人たちは生き延び、巨富を得たとの話を聞きます。私自身も次の暴落を生き延びることができるほど、賢いことを願っています。

日本の破綻を回避する方法はあるのか

渡邉　私は政治家だった経験からも、日本の財政破綻は避けられないだろうと考えています。それは起こるべくして起こるだろうと思っているのですが、もし回避する方法があるとしたら、どんな方法でしょうか。

ロジャーズ　やはり債務増と人口減の2つの問題をどうにかして変えるしかありません。ただ私が解決策を提案しても、日本は実行しません。移民を受け入れないでしょうし、歳出削減をする見込みもありません。「移民を受け入れたり、歳出を削減したりするくらいなら、日本がなくなったほうがましだ」と言う人もいます。最後には、彼らの望みどおり日本はなくなるのではないかと、私は心配しています。

1963年時点のアジアでもっとも裕福な国はミャンマーでした。しかし、彼らは外国人を受け入れず、移民政策を実行しませんでした。その結果、今はもっとも貧しい国になってしまいました。日本もミャンマーのような歴史をたどるのではないかと思っています。

ただし、日本は経済大国ですから、世界のさまざまな地域に資産を持っています。日本の債務問題は日本国内だけの問題ではありません。日本で問題が起きれば、それは世界的な問題につながります。

エチオピアのような小国であれば、問題が起きても世界に大きな影響を与えないかもしれません。しかし日本のような大国で問題が起きれば大変なことになります。

渡邉　この本で多くの人に警告したいです。

債務に関しては、基本的にはお金を刷り続けていることが問題だと思いますが、なぜそうなってしまったのか。

私は、政府のポピュリズムの影響だと思っています。多くの政治家は厳しい改革には消極的で、国民の顔色を見ながら甘い言葉を投げかけ続けてきました。これは政治家を続けたいだけの保身策にすぎませんが、国民が気づかないのも問題です。政府は国や国民の将来は二の次で、自分たちを守るために借金を続けるしかありません。まるでブレーキが利かない車が、崖に向かって走っているような状態です。

ロジャーズ　根本的かつ最大の原因は、国民が政治家を選ぶ際に間違った選択をしたことでしょう。やはり国民が政治家を選ぶときには、「手っ取り早く成功したい」「楽をしてお金持ちになりたい」「フリーランチが欲しい」との気持ちが先行してしまいます。それらに関してもっとも簡単な解決策を提示してくれる政治家に票を入れてしまうのです。それが人間心理であり、最大の問題です。

渡邉　30年前から日本はまったく成長していません。少子高齢化が進み、社会保障費が増えています。つまり日本の政治家は、無駄使いをしたのです。経済が成長していないのであれば、お金のバラまきをやめるべきでしたが、続けてしまいました。

私も政治家を経験していますが、バラまきをやめられなかった政治家が悪いのか、そんな政治家を選んだ国民が悪いのか。日本の場合は、両方が悪いと思っています。

ロジャーズ　政治家が打ち出す「簡単な解決策」がダメであることに、国民はいずれ気がつきます。しかし、ここ30年は誰も気づきませんでした。なぜなら、誰もが不満を感じなかったからです。いずれ気がつくときがくるでしょうが、そのときには白馬に乗った政治家がやって来て、新しい解決策を提示してくれることを望むでしょう。

その政治家が正しい政策を打ち出し、債務を減らして、人口の減少をストップすることができればいいのですが、おそらく難しいでしょう。

渡邉　2023年の秋に岸田文雄首相が打ち出した「所得税減税・給付」も、私は露骨な人気取りに感じました。国民1人当たりの所得税と住民税を合計4万円減額する策です。理由は、賃上げが進まず、物価上昇に追いついてない現状を打破するための、「国民への還元」と「供給力の強化」です。しかし、あるアンケート調査では、国民の80％が「減税分のお金を貯蓄に回す」と回答しています。先行きが不安だからです。

経済効果の見込みもなく、支持率回復にも効果がない、完全な愚策に約5兆円も使うというのは、あまりにも無責任すぎます。

莫大な借金を抱えている現状では、いよいよ財政破綻は現実となりかねません。「国は大赤字、大借金があるので無駄なお金は使えません」と国民に事実を説明するのが筋です。そのうえで、国会議員削減、消費税増税などで国を立て直すシナリオを示すべきですが、それでも財源は足りません。

私が考えるとすれば、相続税を用いた改革案です。日本は圧倒的に高齢者に個人資産や貯蓄が多い。だから、時限的に「5年間特別に相続税率を10％に下げ、6年目から上げる」案です。5年間で高齢者から若者へ資産移転を加速させ、早期に税収を増やし、若者の経済活動を勢いづかせる。これは未来を思っての私からの提言です。

ロジャーズ　すばらしい案です。渡邉会長のように日本の未来を考えている政治家はいないでしょう。ぜひ政府に提言し、実現してもらいたいです。

政府は賃上げを要求。実現するにはどうすべきか

渡邉　今、日本で話題になっているのは、賃上げです。政府が「賃上げをしなさい」と企業に働きかけているからです。

大企業は賃上げの流れになってきていますが、全体のパイであるGDPが増えなければ、多くの企業で給与を上げるのは難しいと私は思います。やみくもに賃上げしろという政府の方針については、非常に疑問を感じているのです。

なぜ、これまで日本は賃上げができなかったのかというと、この30年間、日本企業は〝縮み経営〟をしてきたからです。

友人で経済ジャーナリストの渋谷和宏さんによると、1980年代までは日本製品は高品質生産を誇っていましたが、バブル崩壊後にバランスシート不況に陥ったことで、企業

は給与や投資などコストダウンを徹底。コストカットがうまい経営者がもてはやされ、賃金が据え置かれるようになった結果、国全体としてはデフレに陥ったのだといいます。

こうした縮小再生産に手を打ってこなかったのは経営者と政府の責任が大きいと私は思います。

賃上げを決めるのは私も含め、経営者です。賃上げしたいのは山々ですが、容易ではありません。日本企業の99・7％は中小企業で、日本の労働者の約7割の雇用を支えています。粗利を増やして給与に還元するのが普通ですが、その粗利をどう増やすか……中小企業の大半は、賃上げの原資などありません。賃上げだけを行えば企業はつぶれてしまいます。岸田首相は経営を甘く見ていると感じます。

GDPを増やし、持続的な賃上げの原資を生み出すにはどうすればいいかを考えるのが政府の仕事です。企業が人や物に投資したくなる魅力的な減税などに、もっと本気で取り組むべきなのです。

賃上げを要請する政府について、ジムさんはどう感じますか。

ロジャーズ　政府の要請は根本的な解決策にはなりません。やはり生産性の向上などでパイを大きくする必要があります。それがないまま給与を上げたとしても、短期的な喜びに終わってしまうでしょう。長期的に見れば、かえって苦しみが増えることになります。

唯一の解決策は、今続いているインフレを止めて、そこから生産性を上げていく。そして賃金が自然に上がっていく環境をつくることです。それは簡単ではありませんが、この方法しかありません。誰もが簡単な解決策を探していますが、そんなものは存在しないのです。

渡邉　私の会社は２０２４年で40周年を迎えます。これまで営業利益や経常利益などの利益を目標に経営してきましたが、40周年を機に新しい経営目標の指標をつくりました。一つは「１人当たりの従業員の粗利益」、つまり生産性です。

なぜなら、１人当たりの粗利益が増えないと、１人当たりの賃金は増えないからです。全社員で生産性を向上させて粗利益の額を増やすことが大事だと考えています。

もう一つは「給与額を増やすこと」です。社員の給与はコストではありません。社員の給与を増やすことを経営の目的として位置付けて、経常利益よりも給与額の総額を目標にしようと考えました。

１人当たりの粗利額と給与額の２つを新しい目標の指標として２０２４年以降は経営していきます。

ロジャーズ　とてもいいアイデアですね。

過去に成功した多くの企業は、明言していないまでも、会長と同じようなゴールを設定しています。社員1人当たりの生産性を上げる、給与を上げるなどのゴール設定があるからこそ、企業は成功していくのだと思います。

渡邉　ありがとうございます。1人当たりの粗利益と給与額は、これまで40年、経営を続ける中でずっと意識してきましたが、今回は明確な目標数値にしようと考えました。

ここにきて賃上げが話題になったことが一つのきっかけになったのは確かですが、今まで数値目標を掲げなかったことが不思議なくらいです。経営者にとって賃上げは当たり前の目標です。そう思っていたので、これまではあえて数値化してこなかったのだと思います。今回はしっかりと数値化して、40年目をスタートしようと考えました。

ロジャーズ　1人当たりの生産性は、どんな企業でももっとも大事なものです。50年後に今の日本が存在しなかったとしても、渡邉会長の会社は生き残っているでしょう。自信を持ってそう言えます。

渡邉　先日、アメリカに出張してきました。2024年1月にマカオの統合型リゾート施設（IR）に出店して好調な、高級和食店「饗和民」と同じタイプの店をラスベガスのホテルにも出店したいと考えているからです。

現地で五つ星ホテルをめぐりました。「すし」などは、見栄えばかりで質はさほど高くありませんが、それでも人気があります。ワタミが国内のノウハウを生かして、本格和食を他店より安い価格にして参入すれば、勝算は大いにあると確信しました。

円安をはじめ、これからの時代、日本の外食企業にとって米国進出は、二重三重の魅力があると思います。ワタミの外食店舗は、日本国内に約350店舗ありますが、人口が減少していく日本は普通に考えれば「ひき算」の経営です。よくても「たし算」。ですが、人口が増えていくアメリカは「かけ算」です。こうした「かけ算」の夢や数値目標が描けることに、ワクワクしています。

少子高齢化が財政破綻をもたらす

渡邉　日本の財政悪化の原因の一つが少子高齢化による、社会保障費の増加です。すでに歯止めがかからない状況です。政府が打ち出すその場しのぎの少子化対策では、日本の少子化はもう止まることはないと思います。

ロジャーズ　少子高齢化は大きな問題であって、もっと「出生率を増やす」か「移民を増やす」か、あるいは両方が必要ですが、日本はどちらもしていません。

図表8　出生数、合計特殊出生率の推移

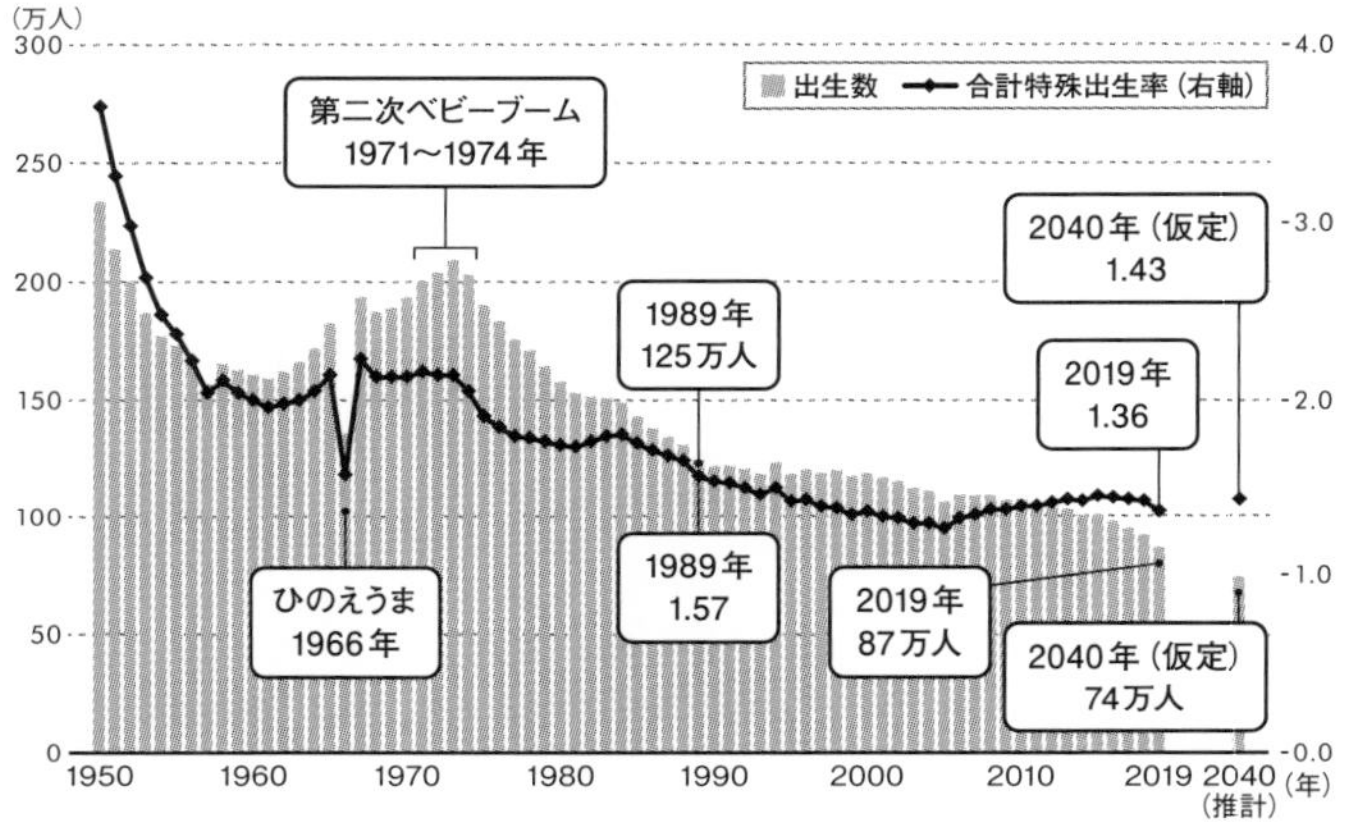

資料：2019年までは厚生労働省政策統括官付参事官付人口動態・保健社会統計室「人口動態統計」(2019年は概数)、2040年の出生数は国立社会保障・人口問題研究所「日本の将来推計人口（平成29年推計）」における出生中位・死亡中位仮定による推計値

出典：厚生労働省HP

私が住んでいるシンガポールは50年前は、ほんの50万人ほどが住んでいる沼地でした。そこから技能が高い移民を受け入れたことで、成功しました。

アメリカも１５０年前に、どんな移民でも拒まず、受け入れる政策をとりました。その中でさまざまな移民の成功ストーリーが生まれました。日本も何らかの形で大きな変化を呼び込まないと人口は減少し続け、50年後、１００年後には、日本人が存在しなくなってしまいます。

すでに小さい対策はいくつか行われていますが、もっと大きなスケールでなければ、少子高齢化の動きを止めることはできないでしょう。

渡邉　確かに、児童手当支給など小さい改革はいくつかありますが、少子化の問題は根本的に解決していません。

ロジャーズ　日本の人口減少は、少子高齢化＝労働力の減少の面で問題視されていますが、人口が減ることによる国内需要の減少も同じくらい大きな問題です。

日本の人口が増えていた時代であれば、国内需要だけでビジネスは成功できました。しかし、今は違います。日本の国内需要は、供給に対して「不足」に転じています。移民を受け入れるとともに、インバウンドの外国人に受け入れられるビジネスをして、国内需要をプラスにすることも大切だと思います。

たとえば、個人的には世界一と考えている質のいい日本の食文化を追求したり、外国人が好きな古民家を再生したりするなど。外国人に魅力的なビジネス資源は日本にはたくさんあるはずです。

渡邉　私自身も外食産業の経営者として、インバウンドは未来を生き抜くために有望と感じています。ワタミでは外国人観光客が押し寄せている東京・築地にインバウンド戦略店をオープンしました。海外では「和牛」人気が非常に高く、この店では、和牛串や和牛ハンバーガーをテイクアウトで提供。メニューも接客も英語対応です。高級黒毛和牛の希少な最高部位を使った「サーロイン串」を、税込1本3000円で提供していますが、この価格でも外国人観光客には円安で、お得に感じるようです。

図表9　国内総生産(支出側)及び各需要項目

2015暦年連鎖価格　単位(%)

項目＼年・期	2023年7〜9月 前期比※1 1次速報値(2023.11.15公表)	2023年7〜9月 前期比※1 2次速報値	2023年7〜9月 寄与度(対GDP)※2 1次速報値(2023.11.15公表)	2023年7〜9月 寄与度(対GDP)※2 2次速報値
国内総生産(GDP)	-0.5	-0.7	—	—
[年率換算]	[-2.1]	[-2.9]	—	—
国内需要	-0.4	-0.6	-0.4	-0.6
民間需要	-0.6	-0.9	-0.4	-0.6
民間最終消費支出	-0.0	-0.2	-0.0	-0.1
家計最終消費支出	-0.1	-0.1	-0.0	-0.1
除く持ち家の帰属家賃	-0.1	-0.2	-0.0	-0.1
民間住宅	-0.1	-0.5	-0.0	-0.0
民間企業設備	-0.6	-0.4	-0.1	-0.1
民間在庫変動	—	—	-0.3	-0.5
公的需要	0.2	0.1	0.0	0.0
政府最終消費支出	0.3	0.3	0.1	0.1
公的固定資本形成	-0.5	-0.8	-0.0	0.0
公的在庫変動	—	—	0.0	0.0
(再掲)総固定資本形成※3	-0.5	-0.5	-0.1	-0.1
財貨・サービスの純輸出※4	—	—	-0.1	-0.1
財貨・サービスの輸出	0.5	0.4	0.1	0.1
(控除)財貨・サービスの輸入	1.0	0.8	-0.2	-0.2

(参考)

最終需要	-0.2	-0.3	—	—
国民総所得(GNI)	-0.2	-0.6	—	—
雇用者報酬	-0.6	-0.7	—	—

※1：Changes from the previous quarter (seasonally adjusted)
※2：Contributions to changes in GDP
※3：総固定資本形成は民間住宅、民間企業設備、公的固定資本形成から成る
※4：財貨・サービスの純輸出＝財貨・サービスの輸出ー財貨・サービスの輸入
純輸出の寄与度は輸出と輸入の寄与度の差によって求めている

出典：内閣府経済社会総合研究所

円安、少子高齢化の中、いかにインバウンドをつかめるかが今後の外食産業の生き残りポイントです。ワタミも浅草にすし店を出すなどインバウンドがつかめる立地には出店を加速しています。

ロジャーズ　すばらしい！　魅力的な日本食の虜になる外国人は多いでしょう。日本人が気づかない外国人に魅力的な資源はもっともっとあるはずです。

今すぐ移民政策を転換して人口を増やせ

渡邉　私は実際に日本で事業を営む中で、少子高齢化がどれだけ日本の経済にダメージを与えているかを実感しています。特に地方における消費力の低下は、凄まじいものがあります。〝少子高齢化〟は、日本の最大の課題であることは間違いないと思います。

ジムさんが言うように、子どもを増やすか、移民を増やすか、両方増やすしかないでしょう。私は、ワタミエージェントという会社を通じてカンボジア、バングラデシュ、ネパール、ベトナムなどから人材を日本へ呼んでいます。「特定技能制度」と呼ばれる仕組みを使っているのですが、これから移民を増やす政策に転換したとしても、手遅れだと感じています。つまり円安によって海外の人が働く場所として日本を選ばなくなっているのです。これまで日本は移民政策をとってきませんでしたが、すでにとりたくてもとれなくなってきたのが現実です。

ロジャーズ　外国人労働者は日本の賃金に魅力を感じていないから来ないのではなく、そもそも日本が移民を受け入れていないから日本に来られないのです。150年前のアメリカは内戦を終えたばかりの発展途上国でした。そんな戦争直後の不況の国に誰も行きたいとは思わないでしょう。それでも移民は来ました。来る機会があれば移民はやって来ます。

ではどうすればいいか。日本は今ある移民、ビザ、外国人雇用、貿易制限に関するすべての法律を撤廃すべきでしょう。クレイジーな外国人の戯言と思われるかもしれませんが、日本は外国人に対してすべての手続きをもっと簡略化したほうがいいと思っています。そして、親が日本生まれでも、子どもが日本で生まれても、三世代日本に住んでいても日本国籍を取得するのが難しい現状も改善が必要だと思っています。

ただし、たとえ国民になれたとしても、日本では世界的にも高い税金を支払わなければなりません。そんな高い税金の国に、わざわざ暮らそうと思う外国人はいないかもしれませんが。

少子化打破にインセンティブ政策は有効か

渡邉　もう一つの事実として、日本はとんでもない社会主義国だと感じます。日本では中学、高校の子どもの学費も医療費もすべて無料です。お金がある人は払うのが自由主義ですが、すべて無料にしてそれを細々としたお金で賄おうとしています。私が国会議員時代から言い続けてきたのは、そうした「細々とした社会主義的なお金の使い方をやめたほうがいい」ということです。

そうではなく、たとえば「3人目が生まれたら1000万円を渡す」といった政策が有効だと思っています。4人目が生まれたらさらに1000万円を渡す。そうすれば多くの家庭で3人目、4人目の子どもを考えるでしょう。

集中的に効果的にお金を使うことが非常に大事だと改めて思っています。今のような無節操な日本の予算の使い方、少子化に対する税金の使い方は問題です。すでに手遅れだと感じています。

図表10-1　**日本の将来推計人口:2021～2070年**
「年齢3区分別人口割合の推移」（出生中位〈死亡中位〉推計）

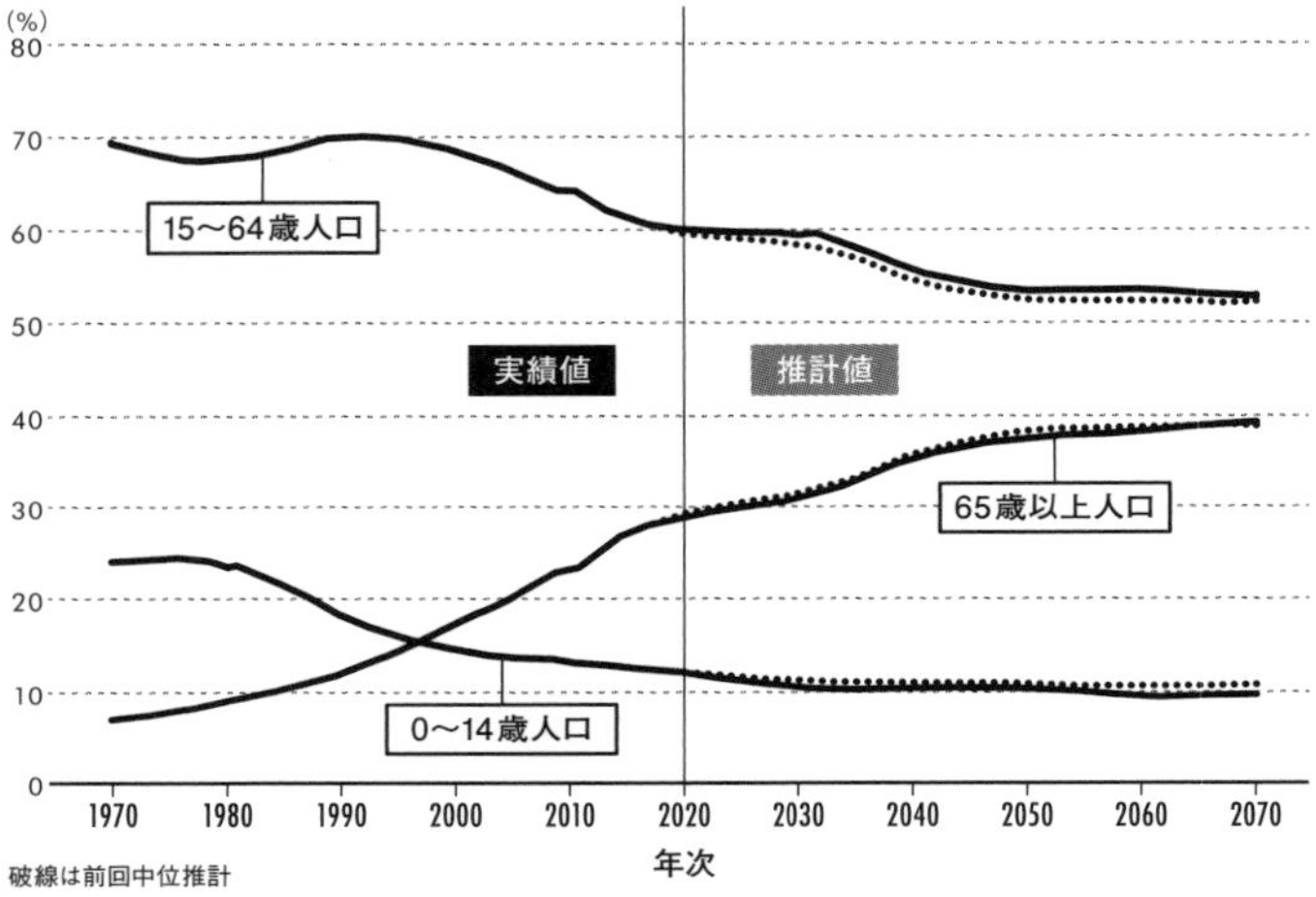

出典：国立社会保障・人口問題研究所

ロジャーズ　私自身はこれから子どもを持つ世代ではないのでコメントしにくいのですが、私にも子どもがいますから、教育費や子育て費用がとても高いことは理解しています。ですから「何人も子どもが欲しい」と思うインセンティブをつくることは大事だと考えています。

そうしたインセンティブは、小さな額では意味がありません。思い切って高額なインセンティブにする必要があるでしょう。

渡邉　未来の子どもたちのことを考えたら、今のようなバラまきの社会福祉行政はダメです。本来であれば、政治家を選ぶ選挙によって、間違ったお金の使い方を阻止できるはずです。しかし、国民が

図表10-2　**人口ピラミッドの変化（総人口）**
（出生中位・高位・低位〈死亡中位〉推計）

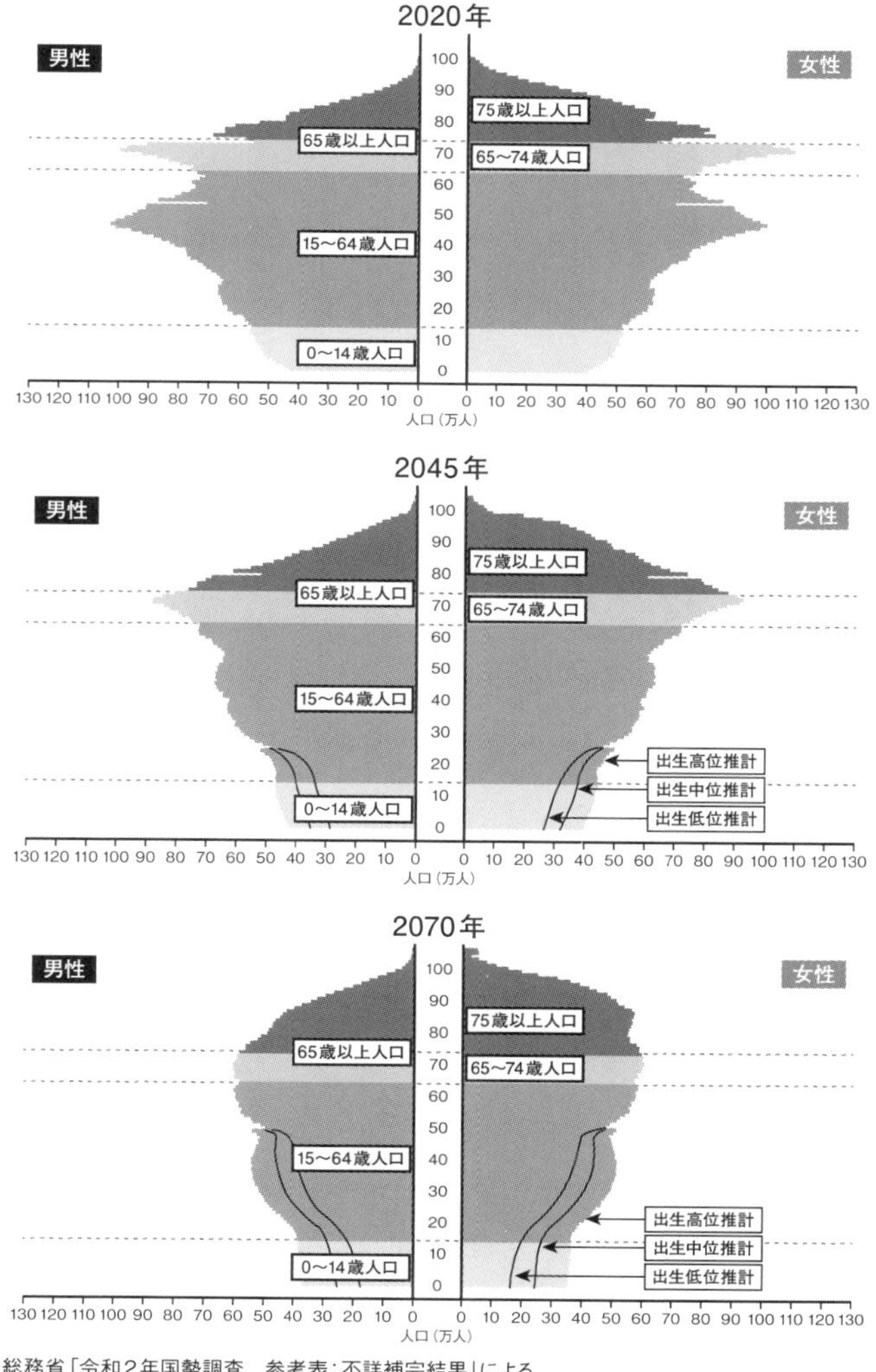

（注）総務省「令和２年国勢調査　参考表：不詳補完結果」による
「日本の将来推計人口」（令和５年推計）

出典：国立社会保障・人口問題研究所

今の政策を受け入れてしまっています。それが結果として国力を弱め、経済力を弱め、少子化を進めているのです。

私が元政治家として感じるのは、国民の意思が日本の未来をつくっているということ。日本の破綻は、国民の意思なのです。

ロジャーズ　現在の日本の政治家は、日本の未来を考えていないようですね。日本の少子化や借金が問題であることはわかっていても、どうすればいいかわからない。

もちろん、3人目、4人目の子どもに1000万円支給するのは有効だろうと思います。ただ、そのお金を誰が負担するのかは課題です。やはり根本的に何かを変えていかなければいけません。これまで日本で講じてきた政策は有効ではなかったので、渡邉会長のアイデアはよいかもしれませんが、それを承認する人がいるかどうかは疑問です。

渡邉　それが最大の課題です。日本は社会主義的な政策をやめて、お金を集中させ〝1000万円政策〟につぎ込めばいいのですが、代わりに医療費や学費の無料政策をやめるのであれば、国民の同意が必要になります。恩恵を受けている人もいるため、その点がもっとも難しいと思います。

私は、本書を読んだ人が資産の防衛ができるようになることを望んでいますし、日本が財政破綻した後に日本をつくっていく際、こういう姿勢で日本をつくるべきという方向性を示すことができればいいと考えています。

ロジャーズ　戦後の日本は、世界が驚くほどのスピードで復興を果たしました。しかし、途中でつまずいたまま、起き上がることができていません。

問題は日本政府が自分の政権を維持するために破綻しそうな企業を助け、国民の失敗の尻拭いをし続けている点です。日本は、この失われた30年と呼ばれる間、その失敗を克服するどころか強化し続けてきました。これが日本の終わりのはじまりです。政府が支えているのは成長の芽のある若い人間や企業ではなく、古い人間たちなのです。

とりわけ外国人が日本で企業を成功させることは相当大変でした。優れたベンチャーが育つこともありませんでした。破産を免れた古い人間たちは、既得権益を守るために自民党を支持し続けるでしょう。そして自民党は若者や外国人よりも古い人間を守ろうとします。この状況が続く限り、日本の少子化は加速し、国全体が衰退して誰もが貧しくなっていくでしょう。

日本の女性活躍について

ロジャーズ　日本では「子どもを持ちたくない」という女性が多いですね。仕事を持つ女性は有能で幸福感も高い傾向です。出産をあきらめてまで仕事をしたいという女性が多いのは、ある意味で、日本経済を活性化させる原動力になると考えています。

しかし、日本では、仕事を持つ女性が子どもを産むと、仕事を辞めてしまうケースが多いようです。シンガポールでは、そういったケースはありません。

アメリカやシンガポールでは、共働きが普通です。女性も出産後3カ月で仕事に復帰するのが当たり前です。これには理由があり、フィリピンやインドネシアから賃金の安い移民を受け入れて、戦略として低コストでヘルパーを雇うことができるからです。ヘルパーは、住み込みで子どもの面倒などを見てくれます。

日本は育児休暇制度が長く、人によっては「子育て環境に恵まれている」と考えるかもしれません。しかし、それは間違いです。日本では保育園やベビーシッターが不足しており、家庭内だけで育児をしなければならない環境だからこそ、育休期間が長いと考えられます。

この状況を放置していれば、日本女性は、育児とキャリアの二者択一を迫られ続けることになります。そして、労働力不足の日本にとってはとても痛手になります。もっと働く女性をサポートするサービスを政府が講じていかないとなりません。

たとえば、日本がシンガポールと同じ環境をつくるのであれば、移民政策を大胆に変える必要があります。ただ、日本政府は給与の安いフィリピン、インドネシア、マレーシアなどの女性の移民は受け入れたくないでしょう。

シンガポールに住んでいる日本人家庭の多くも、ヘルパーを雇わない傾向にあります。私にはその考え方が理解できませんが、おそらく日本人独自の国民性によるものではないかと思っています。

国民性を変えるには、日本国内で移民政策を変えたり、女性がもっと仕事に出やすくしたりする工夫をしなければなりません。

渡邉　私が学校運営をする中で感じるのは、やはり教育の問題が非常に大きいことです。特に女性は、中学、高校、大学の中で「自分が何になれるか」を考えています。

たとえば、バングラデシュでは、女性が首相です。すると、私が運営しているバングラデシュの学校では、女子生徒が非常に積極的で、選ぶ職業も政治家や官僚などが多くなります。カンボジアでも学校を運営していますが、国や企業には女性のリーダーがあまりいません。女子生徒が選ぶ職業は、看護師や学校の先生が多くなります。

おそらく、その国の社会全体的な流れの中で、職業への意識が植え付けられる面が非常に大きいのではないかと思っています。

その意味で日本人は教育も意識改革もこれからだと思います。以前の私は、クオータ制※には懐疑的でした。たとえば「企業の役員には女性を40％入れる」「議員の30％を女性にする」ことなどには非常に批判的だったのです。そんなことをしても何の意味もないだろうと考えていたのです。

しかし今は、無理やりにでもそうすることによって女性の意識を変えていく必要があります。意識改革のためには、クオータ制は非常に有効であり、特に企業の役員には女性の参加が必須であると思っています。

ロジャーズ　強制的に比率を上げる政策はすばらしいですね。

それによって職業に対する女性の意識が変わっていくのであれば、とてもいい変化になると思います。渡邉会長にはぜひ実現してほしいと思います。

※クオータ制：男女間格差を是正するために、あらかじめ女性比率を一定数割り当てる制度

第5章

人生100年時代を生き抜く処方箋

およそ78年周期で訪れるゼロからのリスタート

渡邉　私は今、新しい提案をしています。１８６８年に日本は明治維新をはじめました。つまり開国をしました。この１８６８年から１９４５年に第二次世界対戦が終わるまでの間は77年です。

何もないところからみんなで頑張って、日清戦争、日露戦争に勝って第一次世界大戦、第二次世界大戦になり、日本は破綻しました。

そして１９４５年から２０２３年までが78年です。戦争で破綻した日本は、同じように何もないところから頑張って、約40年で〝ジャパン・アズ・ナンバーワン〟と言われるまでになりました。そこから30年間は成長がない「失われた30年」と呼ばれた時期が続き、そして今です。

私は自分の学校の生徒たちに、「日本はもう一度ゼロからリスタートする。だから今を乗り越えなければならない」と伝えています。

日本人の勤勉・勤労さを取り戻せ

渡邉　歴史を振り返ると、最初の77年間を乗り越えることができたのは、日本人の「勤勉さ」ゆえです。2回目の78年を乗り越えたのも「勤勉さ」のおかげです。つまり、日本人には「勤勉さ」しかありません。一生懸命に働いて、一生懸命学ぶことしかないのです。

これから日本は破綻するけれど、勤勉さによって再び世界に冠たる国になってほしいとの希望を持っています。

私はこれからも重要な日本人の資質は「勤勉さ」だと思いますが、ジムさんから見ると、ほかに何か日本人が誇れる資質はありますか。

ロジャーズ　人間は歴史をよく知っていても、歴史から何も学びません。たとえば1941年にドイツがロシアに侵攻しました。これが明らかに間違いであることは、かつてフランスのナポレオンが証明していました。にもかかわらず、再び似たようなことが繰り返されました。歴史は繰り返すというより、少しずつ形を変えて反復し続けるのです。日本人にまだ勤勉さがあって、歴史に学んでくれれば、成功できるチャンスはあります。

渡邉会長やホンダの創業者である本田宗一郎氏などは、本当に勤勉で勤労です。一生懸命に働いて成功を手にしたのです。しかし、今の日本人は怠けているのではないでしょうか。勤勉・勤労さを維持するのはとても難しいことです。

勤勉・勤労さは日本人の国民性だったかもしれませんが、今も続いているかどうか、私には疑問です。人は変わります。かつてのように今でも日本人に勤勉・勤労さという資質が保たれていて、それによって人口を増やす、貯蓄する、支出を減らすアクションを起こせるのか。私にはわかりません。

渡邉　大手新聞社の記者に聞いた話ですが、1945年と現在とで決定的に違うのは平均年齢だそうです。1945年にはみんな若かったのですが、今は年をとってしまいました。平均年齢が大きく違う中で、日本を再建できるか、非常に疑問を感じるというのです。

ロジャーズ　平均年齢を若返らせるには、出生率を上げて人口を増やすしかありません。あるいは若い移民を増やすことです。これは紛れもない事実です。それが変わらない限り、その記者が言うように平均年齢は上がり続ける一方です。そして、日本の再建はとても難しくなります。

中途半端に恵まれ、夢を忘れた日本人

渡邉　ある調査で18歳の人に将来の夢を聞いたところ、アメリカでは82・1％が将来の夢を持っている。中国は84・7％。しかし、日本は59・6％でした。日本は調査6カ国の中で最低です。

日本は中途半端に恵まれていますし、大いなる社会資源があり、夢を持たなくても生きていくことができます。それが影響しているのではないでしょうか。一方で私が支援しているカンボジアの子どもたちは、みんな夢を持っています。

そこで私が思うのは、「追い詰められれば、きっと夢を持つだろう」ということです。ジムさんは日本人が夢を持たない理由をどう考えますか。どうしたら夢を持てるようになるでしょうか。

ロジャーズ　もちろん、若者に夢を持ってほしいとの気持ちは理解できますし、国が滅びてほしくないと考えるのも当たり前です。しかし、理想を語るのはいいことですが、実際にアクションを起こすことは簡単ではありません。アクションとは「歳出を削減する」「子どもを産む」「移民を増やす」ことです。それは非常に難しいでしょう。

図表11-1　自身の将来や目標について

(%)	将来の夢を持っている	自分の将来が楽しみだ	社会がどのように変化するか楽しみだ	多少のリスクが伴っても、新しいことにたくさん挑戦したい	多少のリスクが伴っても、高い目標を達成したい	リスクのある挑戦よりも、経済的安定を重視する	リスクのある挑戦よりも、心理的安定を重視する
日本	6位 59.6	6位 57.8	6位 54.0	6位 49.0	6位 44.9	6位 70.4	6位 68.3
アメリカ	82.1	79.0	75.6	77.0	79.2	76.5	74.5
イギリス	78.3	75.7	71.1	78.1	81.4	72.6	71.7
中国	84.7	86.9	85.6	79.8	78.8	1位 78.7	1位 78.1
韓国	81.5	77.6	72.3	68.6	67.2	76.6	76.7
インド	1位 93.3	1位 90.6	1位 88.5	1位 84.4	1位 87.6	74.2	75.9

図表11-2　自分の国の将来について

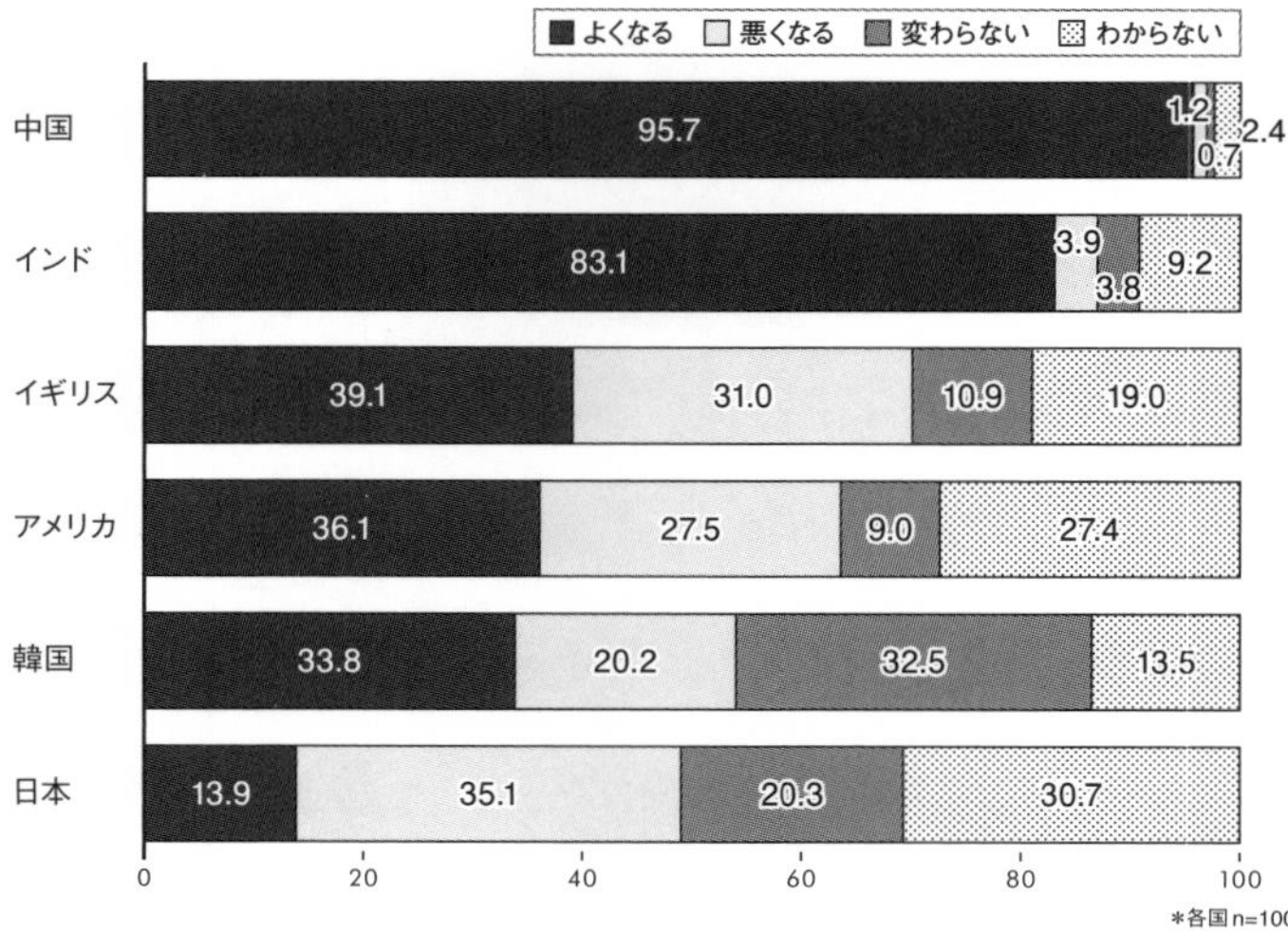

＊各国n=1000

出典：日本財団「18歳意識調査：第46回／国や社会に対する意識（6カ各国調査）」（2022年3月発表）一部編集部改変

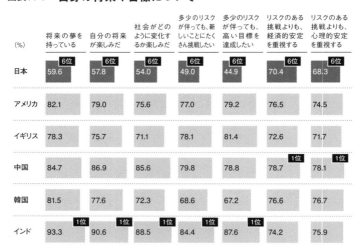

韓国は近年二度の金融危機を経験しているものの、この50～60年で大きな成功を収めている国の一つだと思われています。ただ、韓国の子どもに「将来の理想の職業は何ですか」と聞くと、「政府で働く」と答えます。これは夢ではありません。他国の子どもたちからは「サッカー選手になりたい」「映画スターになりたい」という答えが返ってくるのに。政治家が口では革新だ、イノベーションだと言っておきながら、自国の若者には夢を抱かせることさえできていないのです。若者たちがただ安定をめざすような社会では、アクションは起きにくいでしょう。

渡邉　日本の中学生、高校生の将来の夢は、男女ともに「会社員」です。「それは夢ではない」と私は繰り返し言っていますが、韓国の子どもと少し似ていますね。

ロジャーズ　1923年にイギリスが世界の覇権を握りました。しかし、30年後には破綻して、国の将来はあっという間に変わってしまいました。たった30年で情勢がまったく変わってしまうのです。

それはなぜか。夢を持っていたかどうかわかりませんが、やはり次の世代が安定の中で怠け者になってしまうからでしょう。

渡邉　こうした傾向は若者だけではなく、日本の会社員にも表れているようです。

前にもお話しした経済ジャーナリストの渋谷和宏さんの著書の中に、日本企業で「やる気」がある社員はわずか6％で、139カ国中132位のほぼ最下位という調査結果があります（米調査会社「ギャラップ」2017年調査、2022年は5％に減少）。やる気がない理由の上位には「給与が上がらない」「仕事がつまらない」が挙がっています。

年功序列や終身雇用制度は、何もしなくても給与が上がる分、挑戦する意欲のある社員を出にくくさせてしまったのです。失敗することを極端に嫌うがゆえに、何かに挑戦する意欲をなくしてしまう。こうした官僚主義的な社員を日本社会が増産してしまったことが、日本のGDP＝国力の低下にもつながっているのではないでしょうか。

日本のGDPは、ドイツに抜かれて世界4位に転落しました。今、ドイツも経済状況はよくないですが、日本の状況と比べるとまったく次元が違います。ドイツではこの30年で、労働者の賃金は2倍に拡大していますが、日本はほぼ横ばいです。そもそも国の借金の量が違うし、国の産業構造から政策まで日本はドイツの足元にも及びません。抜かれて当然でしょう。ドイツでは財政破綻が危惧される州もいくつかありますが、それは政府が正しく機能している証しではないでしょうか。

ロジャーズ　ドイツは、近隣国との競争を余儀なくされているため、より強力な労働組合によって、日本よりも高いコストが組み込まれています。労働時間もしっかり管理されている中で高い賃金につながるため、国民の労働意欲は高いのです。

賃金の安い東欧などの国外に生産拠点を移さず、国内製造を維持しながら、高くても高性能な「Made in Germany」を守り続けていることは、国民の誇りや働く意欲にもつながっているのでしょう。

世界の投資家が逆境で大切にしたこと

渡邉　ジムさんの人生観についてもうかがいたいですね。逆境のときに大切にしてきたことは何ですか。

ロジャーズ　私は、人生でたくさんの間違いを犯してきました。本が書けるほどの失敗です。そうした逆境に陥ったときに思うのは、「あきらめてもその逆境から抜け出すことはできない」ということです。

あきらめてしまえば問題は解決しません。ですから、問題を直視して、再度チャレンジしなければいけません。間違いを犯したときには、必ずそう考えてリカバリーしてきました。

渡邉　逆境の中でいちばんやってはいけないのは、あきらめることですね。私が逆境に置かれたとき「自分に起こることは、すべてもっともいいことだ」と考えるようにしています。どんなことが起きても、それがもっともいいことだと捉え、今何ができるのかを考えます。それを信条としてきました。

ロジャーズ　私が娘たちにいちばん見習ってほしいのは、忍耐であり、あきらめない心です。私は、あきらめない人たちが成功すると考えています。忍耐力を持って、耐えしのぶ人が成功するのです。それを娘たちに教えたいと思っています。

渡邉　ジムさんの人生を変えた学び、自身の人生が「これによって変わった」という教訓はありますか。

ロジャーズ　過去の出来事を例に挙げると、多くの人がお金を損したときに私だけが儲かったことがあります。そのときに私は、「市場より賢い」「私は天才だ」と思ってしまいました。しかし、その後に大きな損をして、全財産を失ってしまいました。投資家をあきらめて、違う職業に就く選択肢もあったと思いますが、私が知っているのは「トレード」です。そう考えて、あきらめずに頑張った結果、今の私があります。

渡邉　私は会社を設立して40年が経過していますので、その間を振り返ってみると、「あのときに、よくあの人と出会えたな」「あのときに、よくこんなことが起きた」と不思議に思うことがたくさんあります。

ですから私の人生を変えたのは〝運〟だと思っています。ただし、先日ラスベガスへ新規出店の下見に行きましたが、カジノは一切やりませんでした。私の〝運〟は仕事だけに使おうと思っているからです（笑）。ジムさんも、運がいいのではないでしょうか。

ロジャーズ　私は常々「私には運がない」と思っています。ただ、渡邉会長に会えて日本について勉強ができたのは運がよかったと思います。ようやく運が改善されてきました（笑）。

好きなことをやり続けさせる教育が大切

渡邉　読者には子育て中の世代も多いと思いますが、これからの子どもの教育に大事なことは何でしょうか。

ロジャーズ　自分の人生、そして子どもが生まれてからなおさら思うのは、「情熱を持てるものに時間を割いたほうがいい」ということです。

たとえば親が子どもに「野球をさせたい」と考えても、子どもが好きでなければ意味がありません。子どもは自分がいちばん好きなものでなければ、情熱がわかないのです。ですから、自分はもちろん、子どもであっても、孫であっても、好きなものを見つけさせることがとても重要です。

他人がそれを見て「なんて、クレージーだ！」と言ったとしても、とにかく、やらせてみる。そして、やり続けさせることが、今後の教育としてはもっとも重要だと考えます。

今の時代、自分が何に情熱を感じるかわからないという人も多いですが、その中でも「自分が好きなもの」を見つける努力というのは、特に重要だと日々感じています。

渡邉　政策をはじめ、日本の現状を目の当たりにして、あらためてこの国を変えるには、教育しかないと実感しています。政治のあるべき姿をしっかりと子どもたちに伝えていくことが大切だと思っています。

ただし、気になっているのが海外に留学する若者が少ないこと。世界的に見て日本の若者は海外留学の意欲が低いのです。近隣の中国や韓国、台湾の若者たちは、海外へと飛び出していきます。それに対してなぜ日本の若者は海外へ行こうとしないのでしょうか。

ロジャーズ　私は、人生で成功したいなら世界を見て、過去の歴史や哲学から学ぶべきだと何度も繰り返し言っています。

私にも2人の娘がいますが、娘たちには大人になったら今暮らしているシンガポールからできるだけ遠ざかってほしいとお願いしています。なぜなら、私自身がいちばんよかったと感じたのが、大学入学を機に実家から遠く離れたことだったからです。それまでアラバマの片田舎で育った私は、実家から遠く離れたイエール大学へ入学。周囲の学生は裕福な家庭で育った人たちばかりでした。私とはまったく異なる環境で育った人たちだったからこそ、常に異なる見方で自分自身の意見を持つことができたのです。

地元から遠く離れることこそ、最高の教育だと気づきました。遠くに行くことで自分の国、そして世界について学ぶことができるのです。娘たちにはそのアドバイスだけ伝えています。

かわいい子には旅をさせよ

渡邉　私も22歳のときに、北半球一周の旅を経験し、それまで暮らしていた世界の小ささを体感しました。
環境問題も食料問題も、エネルギー問題も、これからは間違いなく国境を越えた問題になっていくでしょう。だからこそ、若者たちには海外に出て自身の肌感覚を磨いてほしいと思います。肌感覚がある人とない人では、人生の結果がまるで違ってくると思うからです。

自分の町を基点としてしか考えられない人もいれば、日本という国から物事を考える人もいる。そして、アジア・世界という視点で物事を考える人もいます。視野の広さによって考え方の軸が変わると思います。広い視野で物事を考えられる人が、これからの時代をリードしていくと感じます。

ロジャーズ　遠くに行くことで、地元について、そして世界についても学ぶことができるのです。私自身が、地元から遠く離れたことでとてもよい経験を得ることができました。

日本では小学校からあらかじめ親が敷いたレールに乗って勉強し、国内の大学に進学するのが普通で、海外の学校に行く子どもはまれだと聞きました。

親のみなさんに言いたいのは「かわいい子には旅をさせよ」です。

渡邉　私が運営する「郁文館グローバル高校」では、生徒全員が1年間海外に留学します。留学から帰国すると、彼らは親も驚くほどに成長しています。彼らの中からきっと政治家も出てくるかもしれません。

ロジャーズ　日本人は昔から教育には大変熱心で、親たちは子どもの教育に力とお金を注いできました。それは今も変わっていません。資産を増やすための投資は惜しんでも子どもへの教育には惜しみなく投資すると聞いたことがあります。

教育が大切なのは間違いありませんが、教育と学歴は違うということもみなさんには理解してほしいですね。

渡邉　日本では、受験戦争を勝ち抜き、いい大学へ入ることが、人生の成功者への近道になった時代が過去にありました。今も、そうした考えを持つ親が多いかもしれません。しかし、世の中は変わっています。いい大学を出たところで、社会では何の役にも立たないことに若者たちは気づきはじめていますが、いまだに世間の価値観はそこから抜け出していません。だからこそ、日本はおかしくなったと考えています。

中国も韓国もその価値観が根底にあるのか、親も必死でわが子をいい大学へ入れようとしています。その先の安定を求めているからでしょう。

何のために勉強するのか、なぜいい大学に行くことが必要なのか。その根本を間違ってしまったと思います。

ロジャーズ　日本人の多くが、いい教育とは、いい学校、いい大学に行くことだと思っているのではないでしょうか。もちろん、いい学校に行き、いい大学に進むことは間違いではありません。私も娘たちに「勉強していい成績を取りなさい」と言っています。しかし、その後には、「いい成績を取るだけで、成功できるわけではない」とも伝えています。

確かに、いい大学へ進むことができれば、チャンスは広がるでしょう。人生の選択肢も増えるでしょう。いい仲間にも巡り合えるかもしれません。けれど、いい人生を送れるか、成功した人生になるかどうかには、学歴は関係ないのです。

東京大学を卒業した人は誰もみな、幸せな人生を送っているでしょうか。そうでない人もたくさんいるはずです。すばらしい大学に行っただけで人生の成功が保証されるわけではありません。ただし、厳しい環境で辛抱強く学ぶこと、努力することを学ばせれば成功につながると思っています。

私自身は、娘たちの教育で正しいことができているかどうか、自信がありません。今、私にできることは、子どもがやりたいことを全力でサポートしてあげることと、外国語を学ばせることだけなのです。

渡邉　私が理事長兼校長を務める「郁文館夢学園」では、生徒に学力をつけることをゴールに設定していません。子どもたちの夢に寄り添い、夢をかなえる力をつけてもらうことがゴールです。それぞれの将来の夢から逆算し、それを実現するためには、もっとこういう力をつけたほうがいいのではないかと、めざすゴールと現在のギャップを埋めるアドバイスをしています。私たちがもっとも大切にしているのは、子どもたちの夢に寄り添い、夢を否定しないことです。

この先どんな時代になろうが、夢を持ち、夢を追いかけ、夢をかなえる努力をすることの意義は変わらないと思っています。

日頃、3000人の中学生、高校生に向けて私が言っていることと、ジムさんの考え方はまったく同じです。私は常に子どもたちに「好きなことをやれ」と伝えています。「それが君たちの人生を切り拓く」と教えています。

ロジャーズ　私よりもすばらしい！

渡邉　ありがとうございます。

新しいものから逃げずに、正面から学ぶ姿勢を持つ

渡邉　子どもの教育も大切ですが、日本では今、リカレント教育を進めています。40歳を過ぎても、学んでおいたほうがいいことがあれば教えてください。

ロジャーズ　40歳、50歳になってから新しいことを学ぶのはとても難しいことです。加え

て、学ぶべきことは、時代とともに変化しています。

もし今、学ぶべきことを一つ挙げるとすれば、ＡＩ（人工知能）ではないでしょうか。ＡＩの台頭によって、多くの人が職を失うといわれています。

初めて電気が発明されたときも、さまざまな仕事がなくなりました。時代の変化についていける人、ついていくための知識を学ぶ人が勝ち進むと私は思っています。

最初に電話が発明されたときには、電話が鳴るたびにみんなが怖がっていました。新しいものが発明されると、やはり最初は怖がって逃げ出したくなる人が増えます。しかし、そのときに逃げずに、正面から学ぶ。それが重要なのです。

渡邉　私が強調したいのは、日本人は円に対する信頼が強すぎることです。そのため日本人は、いまだに「お金を銀行に預けておけば、老後は年金で暮らせる」と思っています。特に40代以上の人はほとんどがそう考えています。40代以上の人にもっとも必要なのは、金融教育だと私は思います。

「お金を働かせる」こと、「日本の円など信用できない」ということを、ぜひ理解してほしいと思っています。

ロジャーズ　金融リテラシーが低いのは何も日本人に限った話ではありません。国籍を問わず、金融リテラシーの低い人は何もわからないまま誰かの言葉、何かの情報を信じて行動してしまいます。

今現在の常識で〝正しい〟と思われていることが、15年後には変わっていることは多々あります。「円が安全資産で老後は年金で暮らせる」という1990年代までの考え方は、今となってはまったく正しくありません。日本がハイパーインフレに陥れば、円はたちまち紙クズになってしまいます。

同じように今は多くの人が「ドルは安全資産だ」と考えていますが、15年後の2039年には、まったく変わっている可能性があります。確実なのは、「今、あなたが思っていることは、将来は違うかもしれない」ということだけです。

その意味でも、常に学び続けなければ、世の中から置いていかれてしまいます。

人生100年時代の成功に役立つ学びとは

渡邉 今は寿命が延びて、人生100年時代といわれています。100年時代に向けて今すぐやっておくべきことは何でしょうか。

ロジャーズ　人生70年であればおおよそのライフプランは20歳まで勉強し、そこで得た知識やスキルで60歳まで働き、70歳までの10年間を現役時代の蓄えで生きるというものでした。けれど、100年となると、現役時代は70歳、75歳まで延びることになります。そうなると若いころのインプットがいっそう重要になってきます。

私は常々外国語を学ぶことが大切だと言い続けています。それも若いときに学ぶべきです。若いころに多くを学び、多くのスキルを習得した人ほど、現役時代の選択肢が広がり、多くの収入を得る機会に恵まれるからです。

だからといって、年をとったら学べないかといえば、そうではありません。若いころよりは難しいかもしれませんが、外国語だって学べます。今後、投資で成功したいと思っているなら、日々、情報収集のためにインターネットや新聞、業界紙から興味ある分野の情報を収集し続けることも学びの一つでしょう。国や地域に注目して投資するのであれば、実際に街に出て人々の暮らしぶりを観察する。私がこれまで世界を旅してきた経験は、少なからず投資の判断に役立っています。旅に出て感嘆したことは、その背景を調べています。そこに大きな学びがあります。学び取る姿勢はいくつになっても必要です。それが残りの人生を豊かにしてくれるでしょう。

成功者が伝える、一生幸せに生きていくコツ

渡邉　一生お金に困ることなく、幸せに生きていくコツなどはどう考えていますか。

ロジャーズ　さまざまなコツがあると思いますが、もっとも重要なのは「借金を増やしすぎないこと」です。年を重ねるにつれ、借金を返すのはどんどん難しくなっていきます。無理はせず、自分の持っているお金の範囲内で生活すること、これが大事でしょう。個人にも国にも当てはまります。

渡邉　生きていくために、ある程度のお金は必要ですが、やはり「足るを知る」ということは大事だと感じます。

「ある」ことに感謝する。これがいちばん幸せに生きるコツだと私は思います。

人間は「もっと欲しい」と考えると際限がなくなる生きものです。それではいつまで経っても幸せにはなれません。ですから私は、「家族がいて、家があって、会社があって、常に幸せの中で生きている」と、自分自身に言い聞かせています。

ロジャーズ　もちろんお金が「ある」ことに感謝することは大切ですが、健康も必要ですね。私は、お金を持っていても健康でなければ不幸だと思います。それほどお金がなくても健

康な90歳であれば、とても幸せだと思います。
ですから、フィットネスがとても大事だと思っています。

渡邉　まったく同感です。
お金に余裕があるときに、投資以外で有効な使い方は何だと思いますか。

ロジャーズ　投資では他人の意見を鵜呑みにするのはよくありませんが、投資以外でお金を使うときも同じです。誰かの意見に従うのではなく、自分が情熱を持てる対象に使ってください。私の知人には車が好きで5、6台保有している人もいます。
私自身は世界を知ることに情熱を持っています。ですから、若いときからお金があれば世界旅行に出かけてきました。好きなものに使う以上に、有効なお金の使い方はありませんから。

渡邉　私も旅に出かけたり、おいしいものを食べたり、いい思い出をつくるためにお金を使うべきだと思います。加えて、自分以外の人の幸せに貢献することも、お金の使い方として大事だと思っています。
最後にジムさんにとって、お金より大切なものは何ですか。

ロジャーズ　「幸せ」です。お金があってもなくても、子どもがいてもいなくても、幸せであれば満足です。ですから、お金を増やすよりも自分がどうしたら幸せになれるか、何をしたらもっと幸せになれるかを考えてください。

それは、自分が何に情熱的になれるかに気づくことと同じです。それができたら、お金持ちになるよりも幸せな人生が待ち構えているでしょう。大企業の経営者であろうが、野球選手であろうが、幸せに勝るものはありません。

渡邉　ジムさんらしい、すてきなコメントですね！　ありがとうございました。

私は、お金は幸せになるための「必要条件」だと思っています。一方で「十分条件」は、お金で買えないものでしょう。家族もそうですし、社員や学校、生徒、さまざまな事業もそうです。

これらはすべて出来事ですから、幸せは出来事から生まれると考えています。お金から幸せが生まれるわけではありません。ただ、お金は「必要条件」なので、自分のお金を守ってほしいと思っています。

ロジャーズ　この対談で感じたのは、さまざまな面で私たちの意見が似ていることです。そして、人生に対する考え方も非常に似ています。

渡邉会長も、お金はそれほど必要ではないと考えています。もちろんお金は必要だけれど「幸せ」がすべての大前提にあるという考えです。私も同じです。

〈お金に振り回されない生き方のコツ5〉

1．借金を増やさない
2．足るを知る
3．健康を維持する
4．お金は自分が情熱をかけているものに使う
5．「幸せ」がすべての大前提である

あとがき

石井誠二さんという私の恩師がいる。

日本の居酒屋を変えたといわれる居酒屋チェーン、「つぼ八」の創業者で、私はその「つぼ八 高円寺北口店」のフランチャイズオーナーから経営者の道をスタートさせた。ちょうど40年前のことだ。徹底的に経営の「原理原則」を叩き込まれた。石井さんとの出会いがなければ、私とワタミの今はないと断言できる。一つひとつの言葉に重みがあり、時折見せる笑顔がすてきな人だった。

石井さんが亡くなり5年が経つが、久しぶりに「原理原則」について禅問答のように向き合う時間を過ごした。そのお相手がジム・ロジャーズさんだ。調べれば恩師、石井さんと同じ１９４２年生まれだった。

巡り合いたいときに、不思議と巡り合いたい人と出会える。私の人生はそんな運のいい人生で、感謝している。

２０２２年10月20日。シンガポールの「和民」でジムさんとはじめてお会いした。

その日、為替市場の円相場は32年ぶりに1ドル150円台をつけた。歴史的節目の日に出会うことになったのも、何かの運命のように感じた。150円という節目あたりから、やっと国民が不安を覚えはじめたが、それはまだまだ、終わりのはじまりに感じている。

あとがきを執筆中、日経平均はバブル期超えの史上最高値を更新した。

1980年代後半のバブル期には、私も土地や株を散々勧められた。銀行はいくらでもお金を貸すと言ってきた。しかし、私は「なんか嫌だ」と感じ、一切手を出すことをしなかった。「こんなことが長く続くわけがない」と思い、会社の理念集には「額に汗した利益のみを、利益と認める」と記し、社員と共有してきた。

おかげでバブルがはじけても大きな影響を受けることなく、ワタミはむしろ「失われた30年」といわれる中で、成長してきた。

はじめて会った日にジムさんは、「アベノミクスの異次元の金融緩和。あれに手を出したことで、日本の破綻は決定的となった」と言った。

私は異次元の金融緩和の当時、参議院議員として「借金（国債）はいくらでも日銀に引き受けさせればいい」という異常な空気を国会の内側で感じていた。バブル期同様、「こんなことが長く続くはずがない」と感じた。

当時の日銀の黒田東彦総裁は、異次元の金融緩和の出口戦略を議論するのは時期尚早と繰り返していた。私は「異次元の金融緩和は副作用が大きく、出口戦略や問題点について、自民党でプロジェクトチームをつくって議論すべき」と、党の財政金融部会で提言をした。有志議員が数名賛同してくれ「議論しよう」といったんは部会で話がまとまった。しかし、いつまで経ってもプロジェクトチームの話は進まないどころか、その提言は「議論せずの先送り」とされた。私は財政金融部会長代理の役職からも異動となった。

部会を司る当時の政調会長は今の岸田文雄首相だ。議論されては困る、議論されたら出口はないという「不都合な真実」に行き着く。それが理由としか考えられない。賛同してくれた有志も、党の執行部との対決を続けるわけにいかない事情もある。

「議論すら握りつぶす」この国の破綻は避けられないと、私が感じたのはそのときだった。

財政再建は、究極の「総論賛成・各論反対」だ。歳出削減や増税は国民に不人気であり、すべての政治家にとって「次の選挙にマイナス」だ。先送りがいちばんラクな解決策だ。結局、私一人が闘っても壁は厚かった。

「政治家として0点だった」と記者会見し、私は、一期6年で参議院議員を退任した。

異次元の金融緩和の出口を見つけるのは難しく、財政ファイナンスに手を染めてしまった日本は、財政破綻やハイパーインフレに見舞われる可能性が大いにある。せめて、そうした「不都合な真実」を伝えるべきだ。そのことによって、守れる財産や準備できることもある。そうした思いから、経営者に戻ってからも、マスコミや講演会で「財政破綻」の警告をし続けてきた。経営者を中心に、感度の高い人が徐々に関心を示してくれた。主宰する超実践的経営塾「渡美塾」でも質問が相次ぐようになった。

そんな中で、世界的投資家のジムさんが「日本破綻」を警告していることは、発信力も影響力も、とても大きかった。

私は日本の国会議員だったので、日銀に起因する形の日本破綻に強い確信を持っている。ジムさんは世界的投資家として、市場と長年向き合ってきた経験から、アメリカ発の世界暴落に起因する日本破綻の可能性も主張されている。相違点もあるが、「原理原則」で考え「破綻は避けられない」という結論はまったく一緒だ。無論、私もジムさんも予言者ではない。未来のことを、時期を含めて正確に言い当てることはできない。しかし10年後、この本を読み返してほしい。破綻的危機を迎えずに歴史は刻まれているだろうか。

「歴史上、財政ファイナンスに手を出した国の通貨は必ず安くなり、必ず破綻している。これは私の意見ではなく、歴史上の事実」。ジムさんのこの言葉が、この本のすべてと言っていい。この本で互いが意見していることは、物事をすべて、長期的、多面的、根本的に考えていることであると言える。

*

「不都合な真実」を、こうして書籍という形で多くの人に広める機会をいただいた、プレジデント社の木下明子さん、戎亥真美さん、監修の花輪陽子さん、通訳・翻訳のアレックス・南レッドヘッドさんには、この場を借りて、心から感謝を申し上げます。

何より、ジム・ロジャーズさんには、最大の感謝を申し上げたいと思います。お互いのプライベートのポートフォリオまで告白し合うほど、本音で向き合った一冊ができたと思います。ありがとうございました。

シンガポールの「和民」でまた、ジムさんの大好物の鰻をご一緒しましょう。

この本を最後までお読みいただいたみなさんには、日本破綻が起きても、自分の財産を守り、そのダメージを最小限にしてほしい。そして、二度と破綻させない国をつくるために、こんどは「正しい政治家」を選んでほしいのです。
財政破綻と発言すれば、必ず「オオカミ少年」だと言う人がいます。「破綻するといわれるけど、これまで破綻しなかったし」。政治家ですら、そう言います。しかし、あの童話の最後には、実際にオオカミが出てきました。
特に、未来の子どもたちを、「破綻」というオオカミから守りたいと切に願うばかりです。

子どもたちの世代に借金を押しつける日本ではなく、子どもたちが夢を追える日本であってほしいです。

２０２４年　３月　屋久島別宅「盈進荘」にて

渡邉美樹

追伸：〝歴史観、地球全体、原理原則〟。ジム・ロジャーズさんにはじめて会った日の手帳に、私はそうメモを残していました。

参考文献（五十音順）

『お金の流れで読む 日本と世界の未来――世界的投資家は予見する』ジム・ロジャーズ著（ＰＨＰ新書）
『教育崩壊――「夢教育」で私が再生に挑む』渡邉美樹著（ビジネス社）
『警鐘』渡邉美樹著（アチーブメント出版）
『国家破産はこわくない――日本の国家破産に備える資産防衛マニュアル』橘 玲著（ダイヤモンド社）
『コロナの明日へ 逆境の経営論――全国の社長に50のエール』渡邉美樹著（アチーブメント出版）
『知らないと後悔する 日本が侵攻される日』佐藤正久著（幻冬舎新書）
『ジム・ロジャーズ大予測――激変する世界の見方』ジム・ロジャーズ著（東洋経済新報社）
『大転換の時代』ジム・ロジャーズ著（プレジデント社）
『超インフレ時代の「お金の守り方」――円安ドル高はここまで進む』藤巻健史著（ＰＨＰビジネス新書）

『日本銀行「失敗の本質」』原 真人著（小学館新書）
『日本の会社員はなぜ「やる気」を失ったのか』渋谷和宏著（平凡社新書）
『日本への警告——米中朝鮮半島の激変から人とお金の動きを見抜く』ジム・ロジャーズ著
（講談社＋α新書）
「夕刊フジ」連載『渡邉美樹「経営者目線」』（産経新聞社）
『論語に学ぶ我が子の夢の叶え方』渡邉美樹著（アチーブメント出版）
「渡邉美樹 5年後の夢を語ろう！」（ニッポン放送）

ジム・ロジャーズ

Jim Rogers

1942年、米国アラバマ州出身。イエール大学、オックスフォード大学で歴史学を修了。米陸軍従事後、ウォール街で働く。ジョージ・ソロスと国債投資会社クォンタム・ファンドを共同で設立。10年間で4200%の驚異的リターンを実現。37歳で引退後、コロンビア大学で教鞭を執るかたわら世界を旅する。1998年、商品先物市場の指数である「ロジャーズ国際コモディティ指数」を創設。2007年よりシンガポール在住。ウォーレン・バフェット、ジョージ・ソロスと並び、世界三大投資家と称される。『大転換の時代』(プレジデント社)、『ジム・ロジャーズ大予測――激変する世界の見方』(東洋経済新報社)など、著書多数。

渡邉美樹

Miki Watanabe

ワタミ株式会社代表取締役会長兼社長CEO。明治大学商学部卒。2024年に創業40周年を迎えるワタミグループの創業者として、外食、宅食、有機農業、再生可能エネルギー事業などを展開し独自の6次産業モデルを構築。2011年、東京都知事選出馬。2013年〜2019年、参議院議員を一期6年務めた。郁文館夢学園理事長兼校長として教育者の顔も持ち、政府教育再生会議委員なども歴任。公益法人「School Aid Japan」代表としてアジア3地域で350校を超える学校建設や孤児院を運営。公益法人「みんなの夢をかなえる会」代表として「みんなの夢AWARD」や「渡美塾」を主宰。公益法人「Save Earth Foundation」代表として資源循環や森林再生・保全にも取り組む。趣味は通算100回を達成した屋久島・宮之浦岳登山。

［監修］

花輪陽子

Yoko Hanawa

ファイナンシャルプランナー1級FP技能士(国家資格)、CFP認定者。外資系投資銀行を経てFPとして独立。2015年にシンガポールへ移住。雑誌・テレビなど各種メディアのマネー監修をはじめ、書籍やコラムの執筆など幅広く活動中。海外で暮らす日本人のお金に関する悩みを解消するサイトも運営。近著は『少子高齢化でも老後不安ゼロ シンガポールで見た日本の未来理想図』(講談社+α文庫)

［通訳・翻訳］

アレックス・南レッドヘッド

Alex Minami Redhead

シンガポールに拠点を置く投資運用会社のファンド・マネージャー。アジアの富裕層に対して幅広い資産アドバイスや海外移住サポートを提供している。リーマン・ブラザーズ、野村證券、クレディ・スイス証券などで債券市場のスペシャリストとして経験を積んできた。米国タフツ大学卒業後、米国のCFP資格を取得。

「大暴落」
金融バブル大崩壊と日本破綻のシナリオ

2024年4月26日　第1刷発行
2024年5月21日　第2刷発行

著者　ジム・ロジャーズ　渡邉美樹
発行者　鈴木勝彦
発行所　株式会社プレジデント社
〒102-8641 東京都千代田区平河町2-16-1
平河町森タワー13F
https://www.president.co.jp　https://presidentstore.jp/
電話　編集 (03) 3237-3732
販売 (03) 3237-3731

編集　戌亥真美
監修・翻訳　花輪陽子　アレックス・南レッドヘッド
編集協力　向山 勇
企画協力　宮島伸浩
販売　桂木栄一　高橋 徹　川井田美景　森田 巌　末吉秀樹
ブックデザイン　秦 浩司
制作　関 結香
印刷・製本　萩原印刷株式会社

ISBN 978-4-8334-5243-4
Printed in Japan